JN119022

物語「教育」誤訳のままで大丈夫!?

―Educationのリハビリ、あなたと試みる！―

成田 喜一郎 著

Ks21
Make a difference

はしがき

この本を手に取ってくださって、ありがとうございます。

まずは、それだけでもとてもうれしく思います。

あなたは、大学や大学院の学生さん？学校や大学の教職員の方ですか？それとも、お子さんをもつ親御さんですか？ＮＰＯ法人や企業、行政などにお勤めになっておられる方でしょうか？はたまた様々なアート作品を創っておられる方でしょうか？私のように勤めを終えた地域の生活者市民／住民の方でしょうか？もしかすると、未知－未来をたくさん抱えている小中学生や高校生かもしれませんね。

私がこの本を書こうと思ったときは、学校や大学の教職員の方々や学生のみなさんに手に取ってもらいたいと思っていました。もともと私は、長いこと学校や大学の先生をしていたから、教室や講義室などで学生さんや先生方と、たくさんの問いや気づきと学びとをともに呼び起こし引き出したり、養い育てたりしてきたことがありました。それらを一冊の本に書きまとめてこれから先生になろうとしている学生さん、学校や大学の先生方に読んでいただきたかったからです。

聴く　はじめまして、なりっちです

しかし、今年の三月に学校法人自由学園をはじめ、専任・非常勤を含めて大学の仕事をすべて終えたあと、私は不思議なご縁で「TOKYO854くるめラ」というコミュニティFMのラジオ・パーソナリティ「なりっち」になってしまいました。

ミキサー兼アシスタントの「あこちゃん」と私「なりっち」との掛け合いトークを中心に、リスナーさんからのおたよりを紹介したり、リクエスト曲をかけたり、さらに絵本や詩歌などを紹介する「よみきき」コーナーをもったりしてきました。

リスナーさんは、電波が飛んでいる東京都小平市・清瀬市・東久留米市にお住まいの小学生・中学生・親御さんから高齢者まで多様な世代の方々、また、そのほかの地域や国内外でインターネットを通じ、スマホやパソコンでお聴きになっている方々です。

なりっちとあこちゃんは、多様で立場の異なるリスナーさんと一緒に番組をつくってきたといっても過言ではありません。

そうした経験を積み重ねてゆくたびに、未知-未来をたくさん抱えているこどもたちをはじめ、多くのおとなたちにも読んでもらいたいと思うようになりました。

本書のタイトル『物語「教育」誤訳のままで大丈夫⁉︎——Education のリハビリ、あなたと試みる！——』をご覧になってどうでしたか？

聴く　言葉へのこだわり　なぜ、そこまで概念（言葉）にこだわるのか：“Education”の訳の呪縛を解くために

「『教育』誤訳のままで大丈夫⁉」「Educationのリハビリって何、それ？」「あなたって、私のこと？」とか、ずばり気になりますよね。

この本を読み進めていくと、さらにたくさんの¿はてな？がわき立ってくるかもしれません。読めば読むほど、モヤモヤしてくるかもしれません。

ところで、あなたは、RADWIMPS（ラッドウィンプス）というロックバンドの「正解」（作詞・作曲は野田洋次郎さん）という楽曲をご存知ですか？

この曲は、二〇〇六年当時、ある大学で私の講義を履修していた学生さんの一人で、そのあと、大学院で研究したり、学校や大学で先生をしたりしてきた津山直樹さんから最近おたよりが届き、「教室でこれを高校生や学生と一緒に聴いています。とってもいい曲ですよ！」とうかがったので、早速、聴いてみました。

「あぁ 答えがある問いばかりを 教わってきたよ そのせいだろうか／僕たちが知りたかったのは いつも正解など大人も知らない……あぁ 答えがある問いばかりを 教わってきたよ だけど明日からは 僕だけの正解をいざ 探しにゆくんだ……」

この曲を聴いて、長いこと学校の先生だった自分自身を想い起こしてみると、改めて生徒や学生に○×△が付く百点満点のテストを出し続けてきたことを思い出します。

聴く　中学生の「ちびくろ・さんぼ」研究

また、テストでも生徒たちがテストを好きになってしまう「ルカーワ型テスト」という摩訶不思議なテストを開発したことも思い出してきました。このテストは、百問出題し、その中から自分が確実にわかる問題だけ十問とか二十問だけ選び、解答するテストでした。要は自分が今ここで確実にわかることとわからないことを分けることをめざすテストで、わからなかった、できなかった問題はテスト後に自らわかるようにしておくといい点数がとれるテストでした。生徒たちはいい点をとる喜びと同時に、「テストとは何か」という本質的な問いへの答えを見つけ出していきました。

さらに、ペーパーテストではありませんが、「『いのち』をテーマに世界に一冊しかない本を書こう」（社会科を越えてもいい、製本も自分で試みる課題）、「『石油』とは何か、レポートを書こう」（「石油」の総合的な研究を呼びかける課題）、「絵本『ちびくろ・さんぼ』の総合的研究をしよう」（小さいころに読んだ経験があり、黒人差別の指摘を受け絶版になっていた時期の課題）、「学んだことや今思っていることを新聞の投書欄に投稿してみよう」（「Newspaper in Education：教育に新聞を」の呼びかけに応答する課題）など、おとなでも難しそうな「問い」を中学生に「夏から秋にかける課題」として出し続けてきたことも思い出させてくれました。

聴く　ルカーワ型テストとは？「ルカーワ型テスト論」レクチャーのために

そして、ルカーワ型テストによって、生徒たち自身が判断し、どんな問いへの答えがわかるのか、わからないのかを知ることもできたし、生徒たちの課題レポートや作品を読み、どんなテーマに興味・関心があるのか知ることができ、さらに生徒たちがどんな問いや気づきと学びを呼び起こし引き出し、どんなふうに養い育っていくのか、私自身ができることは何か、気づかせてくれました。

本来、「Education／教育」とは、こどももおとなにとっても問いや気づきと学びを自ら引き出し養ってゆく試みではないでしょうか。その意味で、その本来を取り戻すためには、今、私たちにはリハビリが必要なのかもしれません。この本では、誰か偉い権威ある研究者の学説、海外の新しい理論や哲学をもとに、問いへの「正解」をお伝えするのではなく、むしろ、あなたと一緒に新たな問いとその応答へのヒントを探していこうと思っています。

この本の構成は、「目次」のようになっていますが、どこからお読みになっても構いません。おすすめは、「あとがき」からお読みになってはどうか、という提案です。

かなり難しめの言葉がたくさん出てきますが、¿はてな?のまま、ページをめくり読み進めてみてください。この本を読み終えたあとに再び読み返すと、きっとあなたの中の

「変化」に気づくはずです。また、章によっては、先生をめざす学生や先生方に向けて書き始めていたところもあります。ちょっと自分にとってはよくわからない、関係なさそうだと思ったら、読み飛ばしていっても結構です。ただ、各章の始めにその章の「概要」が書いてありますので、そこだけ読んでみるのもいいです。いずれにしても、この本の内容をわかろうとするのではなく、「わからないこと」や「問い」を発見するだけでも意味があると思います。わかるとわからないとの境界、学生や先生方とあなたとの境界を「越境」することで、「Education／教育」のリハビリになるのではないかと思っています。

あと、この本の特徴として、こうした紙の本を読むだけではなく、章や節などにＱＲコードや検索したいキーワードなどがあります。スマホをかざすと、「なりっち」のラジオやブログにジャンプできます。もっと具体的なことや詳しいことを知りたくなったら、お話を聴いたり、読んだりしてみてください。

この本には「注」が付いていません。私が、書くにあたって大切なヒントをいただいた本などは本文中にご紹介しているところがあります。難しめの本が登場しますが、気になった本がお近くの公共図書館や大学図書館に所蔵されているのかどうか、検索できる「カーリル」という検索サイトを紹介してあります。「カーリル」は全国の約七四〇〇以上の図

読む　全国図書館所蔵検索サイト「カーリル」

書館からその本の所蔵の有無、貸出状況が検索できる「日本最大の図書館蔵書検索サイト」です。お近くの公共図書館に所蔵されていない場合でも連携可能な図書館から移送してくださり、地元の図書館で借りたり読んだりすることができます。大学をやめて研究室も研究費もなくなった私は、ジャンルを越える多様な本を「カーリル」様に探していただき、借りたり移送していただいたりしています。

また、国立国会図書館（東京本館・関西館。東京の上野にある国際子ども図書館）は多くの本の蔵書がありますが、貸出をしません。しかし、今、急速にデジタルコレクション化が進み、地元の公共図書館や自宅のパソコンで閲覧できたりコレクションが増えています。もちろん、ご自分で買い求めて手元に置いておきたい本はありますよね。本書もぜひ、多くの方々にとって、その一冊になりますこと、祈念しております。

なお、あとがきの後ろに「解題」を付けました。私がどんな理論的哲学的な探求をしてきたのか、この本を書くに至った研究‐実践者としての理由や根拠などを読むことができます。ご関心があれば、ぜひ、そこもお読みいただけるとうれしいです。

二〇二二年十一月三日

成田 喜一郎

目次

第 I 部

物語「Educationの誤訳『教育』の150年、
今、新しい訳とリハビリに向かう」

新しい訳の試みとその意味

二〇二二年十月十一日現在、私は、Education の訳語を「教育」ではなく、「涵養成る《かんような》／化育成る《かいくな》こと」と訳したいと思っています。

そして、Education の新しい訳「涵養成る／化育成ること」とは、「天地の自然や社会・文化における多様で異なる境界や限界を超えた未知 - 未来への問いと気づきと学びを、あなたと私がそれぞれ呼び起こし引き出し、養い育ててゆく試み」であると考えています。

これは、私が様々なフィールド（現場）で、出会った、観た、聴いた、対話した、共に在《あ》った、感じた、考えた、ときに書物をひもとき、書き続けてきた「記録（Field Notes）」をもとに考えてきたことです。

その「記録」によると、教える／教えられる、育てる／育てられるという「主《あるじ》」と「客」のようなかかわりや、教える／育つというそれぞれが「主」であるかかわりすらも越えるもともとの意味があることに気づきました。

旧訳のように「教育」する、「教育」されるという関係性、「教える／育つ」という関係性をも越えるべく、私は、自他ともに「涵養成る／化育成ること」という言葉を使っていきたいと考えています。

これからこの本で、私がなぜそんな新しい訳についてお話するに至ったのか、その新しい訳のもとでいったいどんなリハビリをしたらいいのか、具体的にお話していきます。

今から一五〇年以上も前、Educationの翻訳について、いろいろな人が漢字二字の訳を提案していました。例えば、「教導：教え導く！」や「教化：教え化《ばけ》させる？」という訳を考えていた人たちがいました。しかし、次第に「教育：教え育てる」という言葉が使われるようになっていきました。そのあと、一八九〇（明治二三）年の「教育ニ関スル勅《ちょく》語《ご》」をはじめ、長い間、旧訳「教育」が使われ続け、第二次世界大戦後、一九四六（昭和二一）年、日本国憲法第二六条で「すべて国民は、法律の定めるところにより、その能力に応じて、ひとしく教育を受ける権利を有する」と定められてからも、ずっと「教育」は当たり前のように使われ続け、今日に至ります。

明治時代にEducationの訳語が「教育」に定着し始まるころ、いや、「教育」という訳語が広まってからも、「教育」ではなく「発育」と訳すべきだと言った人がいました。それは、あの福沢諭吉さんです。具体的に彼がどんなことを述べたのかを読んでみたい方は、次のページのＱＲコードから読むことができます。

読む　明治初年、Educationの多様な訳の試み（pdf）

福沢諭吉「文明教育論」

ここでは誤解恐れず、私が福沢さんの言葉を要約すると、Educationを「教育」と訳すのは決して妥当ではなく、これは『発育』とすべきです。なぜならば、人生において「天地万物」の無限の事物・知識を数年間の課程で「教える」ことなどは到底無理なことで、「記憶の力」だけではなく、「推理の力」や「想像の働き」などが人心《じんしん》全体で釣り合いのとれた内にある能力の『発育』こそが重要ではないか。私の見立てでは、現在の私たちの国の「教育」の仕組みはまったくその点を履き違えており、人心全体の「発育」を損なっている、と述べています。

しかし、福沢さんが単なる批判ではなく、明治時代の分岐点に立って進むべき道の選択肢を増やし広げるという意味でのクリティカルな見方や考え方をして問いかけていたにもかかわらず、それは寄り切られていってしまいます。もちろん、「教育」という訳語が、そのあとの歴史の中で私たちの国の近代化や国民形成に大きな意義があったことは否定しません。「教育」は常に「善きこと」として、教師や教授たちによって一所懸命「教育」実践や「教育」研究も積まれ、Pedagogy（教育学）も発達していきました。

しかし、一九四五（昭和二〇）年八月十五日、第二次世界大戦が終わり、天皇が「主権者」だった国から、国民が「主権者」の国になったあとも、旧訳「教育」が使われてきました。「善きこと」として「その能力に応じて、ひとしく教育を受ける権利を有する」（日本国憲法第二六条）という大切な権利のもと、「教育」が使われていきます。

かくいう私も、一九七一（昭和四六）年四月から一九七八（昭和五三）年三月まで大学・大学院で日本近現代史を学び究め始めましたが、大学四年生のとき練馬区立開進第一中学校で教育実習体験を二週間したこと、大学院生のとき東京学芸大学附属大泉中学校で非常勤講師を二年間したことで、中学生に歴史を語り「教える」ことの魅力にとりつかれました。歴史研究者をめざす博士課程には進まず、直接生徒たちに社会科歴史を語り「教える」ことのできる学校現場に喜び勇んで向かっていきました。

大学院で学び究めてきた視点と方法をもとに「教材」研究をし、「教」科書は「教」卓に置いたまま、チョークと自作の資料プリントで語り「教え」、板書しまくる文字通りの「授」業の実践をしていきました。生徒たちは、一所懸命、私が語り「教え」、板書したことをノートに写してゆく典型的な講義型の「授」業を受けていきました。その当時の中学生と卒業後再会して、「先生のノート、高校に行っても使えたよ」などという言葉を聞いては「そうか、そうか」と喜んでいました。

始めに中学生からの「問いかけ」があった

　そのあと、そんな社会科歴史を語り教える喜びに燃えていた私に辛辣な言葉（問い）を投げつけてくる生徒たちと出会っていきます。
　それは、一九八〇年代半ばから一九九〇年代はじめころのことです。
「歴史、全然わからない。授業や教科書の漢字は難しいし、農民って何？いったい何なの？時代によってぜんぜん違うじゃないの？なんとかしてちょうだい！」（Aさん）
「先生の話ばっかじゃ、つまらないよ。あっちでは、みんなで調べたり発表したりディスカッションしたり、先生ともディスカッションしたりしてたよ。」（Bさん）
「先生、授業って言葉へんですね。先生の立場で表現されていますよね。」（Cさん）
「今日の授業、とってもよかったよ。（いつものディベートと違って、黙って聴くだけで楽だったものねと言い返したら、Dさんは怒り出して）違うよ！先生の話を静かに聴きながら、自分の頭の中でセルフ・ディベートしながら聴くことができたからだよ‼」（Dさん）
　ここに登場する生徒たちの「問いかけ」については、私は「『帰国子女』からの問いかけと教師の応答経験の有意味性―オートエスノグラフィー 1978-2006を中心に―」（『国際理解教育』Vol.26. 2020年 .pp.13-22）に詳しく触れてあります。お読みになりたい方は、QRコードからこの「作品」にジャンプなさってみてください。

Aさん、Bさん、Dさんは海外から帰国した生徒たち、Cさんは日本で育った生徒です。

Aさんからの問いかけには衝撃を受けました。単に授業がわからない、漢字がわからないという訴えだけではなく、時代によって移り変わる農民の姿に気づき、混乱していることを訴えながら「農民とは何か」という本質的で根源的な問いに気づいてしまったからです。

Bさんは、私の「授」業スタイルへの不満を述べるだけではなく、「分岐点に立って新たな異なる選択肢をクリティカルに広げ示してくれた」のでした。当時、海外の学習者中心のプロジェクト学習やディベートなどを知らなかった私は、「授」業と学習スタイルの転換をめざしていくことになります。

Cさんは、全校をあげて生徒たちが主体となって学ぶディベート実践をしているさなか、「授」業という当たり前に使われてきた言葉に「問い」を抱き、つぶやいたのでした。その「問い」に応答するため、あれこれ考えた挙句、「授」業ではなく、生徒たち同士と私もともに学ぶ「協同学習」という漢字四字の言葉で表現してゆくことにしました。

Dさんは、各教科の実践や生徒会活動など、全校をあげて生徒も先生もディベート漬けになっているとき、珍しく私が語り教える伝統的な教授‐学習スタイルの実践をしたところ、最初、Dさんの言葉は、ディベートは忙しく大変、聴くだけの「授」業は楽ちんだよね、と彼の言葉を軽くあしらう、とんでもない応答をしてしまいました。

「教師」の私にとってもディベート実践の経験は、教師が「教える」ために都合のいい「教材」ではなく、生徒たちが自ら学ぶための財産となる「学習財（生徒にとっても私にとっても学ぶための財産）」研究をしてきたことが功を奏して、たとえ一方通行の講義（Lecture）型の実践だったとしても、学び手にとっても意味ある学びになることを改めて思い知りました。

とかく世の中は、わかりやすい二項対立のキャッチ・フレーズで「教師中心の授業から生徒主体の授業へ」などといとも簡単に表現されてしまいますが、実はその両者のつながりやかかわり、らせん階段のようなプロセスを通じて、こども（児童生徒や学生）たちもおとな（教師や教授）も自らの内に問いと気づきと学びを呼び起こし引き出し、養い育ててゆく試みをし続けてゆくことが大切ではないでしょうか。

こどもたちの声をリスペクト（Respect）しつつ聴き、おとな自身が我が身を「振り返り見る（Respect のラテン語源）」ことが大切なのかもしれません。

Education の訳語「教育」への違和感を抱く人たちとの出会い

そのあと、私は、一九九〇年代半ばから今日に至るまで「教育」という訳語への「違和感」や問いを抱く人たちからの「問いかけ」の言葉に出会っていきます。

まず、最初に出会ったのは、手塚郁恵さんから「エデュケーションの訳『教育』は誤訳ではないか」「エデュケーションとは人間の内面にあるものを呼び起こすことではないか」という問いかけです。

「教育」という言葉は、どうも「教える」「指導する」といったニュアンスが強くて受け容れられない、という人がいます。／私は、「教育」というのは、はっきり言って、「エデュケーション（education）」の誤訳ではないかと思います。／「ティーチング（teaching）」は、「教えること」であり、こちらから相手に何かを伝える、こちらのもっているものを与えるという意味です。あるいは、何かのやり方や技術を伝えるという意味なのです。これは、「エデュケーション」とは正反対の意味なのです。／「エデュケーション」の語源は、ラテン語の「エデュケーレ（educere）」という言葉です。この言葉は、「引き出す」「呼び起こす」という意味で、人間の内面にあるものを呼び起こすことなのです。内部にあるものを引き出すことと、外部から与えることとは、まさに正反対です。／「教育を受ける」とか「教育する」「教育を施す」とかいうように、日本ではこれまで、「教育」とは外部から何かを与えることだと考えてきました。外部から与えられ、外部のもの（知識、技術）を受け取ることが目的とされていたのです。その知識、技術を使う「人間そのもの」は、視野に入れていなかったのではないでしょうか。（一九九五年）

手塚さんのこの言葉に出会ったのは、当時、『ホリスティック教育入門』（柏樹社、一九九五年）という本の第一章「今、なぜ、ホリスティック教育なのか？」の中でのことでした。

この手塚さんの言葉が、私のフック（:¿）に引っかかったのは、あの中学生たちの「問いかけ」を聴き、対話してきた経験があったからです。つまり、書物に書かれたことと実際の現場で出会ったこととがN極とS極の磁石がピタッとくっつくように印象に残りました。この手塚さんの言葉の中でも特に印象に残っているのは、「引き出す」「呼び起こす」という言葉でした。私は社会科歴史を「語り教える」ことに生きがいを感じていたとき、あの中学生たちの「問いかけ」が、自分自身からもう一つの新しい見方や考え方、感じ方を引き出し、呼び起こしてくれたといっても過言ではありません。

つまり、おとながこどもたちに「教え育てる」、「呼び起こし引き出す」だけではなく、こどもたちがおとなに「教え（よりよいおとなに）育てる」、「（新たな見方・考え方、感じ方を）呼び起こし引き出す」という双方に Education におけるつながりやかかわりがあるということです。

これまで年少者は年長者を「尊敬」せよと言われる道徳がありましたし、今も「善きこと」として根強く言われ続けています。しかし、私は、おとながこどもたちを「リスペクト」できているか、自問することがあります。リスペクト（respect）という英語のラテン語源をたどると、「振り返り見る」という意味があるそうですが、こどもたちをリスペクトするということは、おとな自らが自らを「振り返り見る」ということかもしれません。

そのあと、私は、一九九〇年代から今日まで、教室や講義室・研修室で出会う生徒や大学生・大学院生、教職員の方々の声に耳を傾けるべく、しかも、打算も忖度もない本音を引き出し、呼び起こすための工夫を続けてきました。そして、私は、その試みをすればするほど、その声の中に潜む「問いかけ」に気づき、まさに自らの内に新たな学びが呼び起こされ引き出されてゆくのを実感していきます。

そして、次に大田堯《たかし》さんの「定着してしまっている私たちの教育観に問題はないか」「本来、教育というものは、一人ひとりの『持ち味を引き出す』ことではないか」という問いかけに出会っていきます。

改定教育基本法が、人びとの間で議論されることなく、やすやすと多数決で国会を通ってしまった、という事態の背景には、わが国の一般の人びととの間に定着している教育観に問題があります。つまり、教育に関する国民《ピープル》の考え方には、「上から、心掛けを説諭《せつゆ》する」「教えて人間を変える」という教育観が依然として強くある、ということです。「教育勅語」によって印象付けられてきた教育観が、政治家にも一般の人びととの間にもメディアにさえも、抜きがたくあるのです。（中略）／本来、教育というものは、一人ひとりの「持ち味を引き出す」ということを助ける目的があるのです。教育はエデュケーションの訳語で、語源は「引き出す」というラテン語の語幹からきていると言われており、絶対王制を廃して市民革命が行われた以後に、欧米で一般に普及した言葉です。もちろん、文化の中に育つヒトは文化を学ぶことによって人間として生きることができるのですから、文化情報を伝えること、教えることは不可欠です。文化を教えることの重要さ、むずかしさは、上からの強制＝教化に比べて、はるかに重いものです。（二〇〇七年）

大田さんは、手塚さんと同様に、Education のラテン語源にある「引き出す」に触れながら、Education には「一人ひとりの『持ち味を引き出す』ということを助ける目的」があるとしています。「教育」という言葉に明示されている「文化を教えること」の不可欠さ、重要性に言及されています。ただ、「上から、心掛けを説諭する」「教えて人間を変える」という教育観が政治家にも一般の人々との間にもメディアにさえもあることの問題性を指摘しています。この言葉は、大田さんが二〇〇七年にお書きになった「『はらぺこあおむし』と学習権（『大田堯自選集成4　ひとなる　教育を通しての人間研究』藤原書店、二〇一四年）」にある言葉です。

さらに、田中満年《かずとし》さんの「Education の訳語としての『教育』と『教育を受ける権利』を克服すべきではないか」「『教育』は『学習支援』という言葉に変えるべきではないか」という問いかけに出会いました。

・「教育」への信奉は「教育を受ける権利」が民主的だとする信用に連なる。今日の教育政策を批判する者も、「教育を受ける権利」を批判する者はいない。つまり、「教育を受ける権利」という同床の教育への異夢論であり、ここにわが国の教育論が百家争鳴を呈している根源がある。

・「教育」、そして「教育を受ける権利」を克服してこそ初めて近代化精神を乗り越える人間育成策が始まると言える。このような教育改革に関する「日本国憲法」の改正点として、第一に、「教育を受ける権利」は「学習する権利」として再編すべきこと、第二に、法令では「教育」の文字を「学習支援」の言葉で再編すべきこと、第三に、「勤労」を「労働」として労働権の条文を学習権の条文の前に規定すべきである、と考えている。(二〇一七年)

田中さんの言葉は、その著書『「教育」という過ち—生きるため・働くための「学習する権利」へ—』批評社(二〇一七)の中にあります。明治国家の形成過程において、"education"は「教育」とされましたが、そもそも欧米では、「the right to education(「教育」への権利)」という意味で捉えられていました。

しかし、明治国家が国民を「教育」するという文脈で、旧訳のまま「教育勅語」を経て、戦後日本国憲法(一九四六年公布/一九四七年施行)、教育基本法(一九四七年公布・施行/二〇〇六年改正公布・施行)に至ります。しかし、旧訳のまま「教育」は戦後民主化を潜り抜け、現在に至っているといわれています。日本国憲法第二六条「教育を受ける権利」の英訳は、「the right to receive an equal education(等しく「教育」を受ける権利)となっ

読む 「教育とは」(成田，1997)

ています。そして、日本国憲法の改正か反対かの議論を越えて、「教育を受ける権利」を「学習する権利」に、「教育」は「学習支援」に変えるべきだと述べています。

望遠鏡でもなく顕微鏡でもなく、小さく細い管のような私しかもっていない「管見鏡」(私の造語)で観たり察したりしたに過ぎませんが、私は学校や大学院というフィールド(現場)で、生徒や学生・院生、教職員の方々との実践を通じてともに「Education／教育」という言葉の意味を考え続けてきました。手塚さんの言葉に出会った直後、一九九六年に、私は「教育」を次のように捉えていました。

教育とは、「教師が教えること」と「子どもたちが育つこと」とのかかわりのすべてをいう。また、教師が子どもたちに教えたり、子どもたち同士で教え合ったり、さらには、教師が子どもたちから教えられたりすることである。さらに、教師が子どもたちから引き出したり、子どもたち同士で引き出し合ったり、さらには、教師が子どもたちから引き出されたりするすべての営みのことである。そして、教育にかかわるすべての人間が自らを呼び覚ますことでもある。(一九九七年)

これは、私の作品「『いじめ』をする二年生・友巳君とのホリスティックな『教育相談

＝対話』を中心に」『癒しの教育相談―ホリスティックな臨床教育事例集 第4巻 学級経営に活かす教育相談』（明治図書、一九九七年）の中で述べた言葉です。

今、読み返すと、本章の冒頭でEducation「涵養成る／化育成ること」が、「天地の自然や社会・文化における多様で異なる境界や限界を超えた未知－未来への問いと気づきと学びを、あなたと私がそれぞれ呼び起こし引き出し、養い育ててゆく試み」であると提案した言葉の「あなたと私がそれぞれ呼び起こし引き出し」という箇所につながる芽生えが垣間見られます。しかも、生徒と教師だけではなく、「教育にかかわるすべての人間が自らを呼び覚ますこと」と述べていました。（成田、一九九七年）

『季刊ホリスティック教育』の編集代表のときのこと

私がまだ中学校の教師をしているころ、日本ホリスティック教育協会（一九九七年六月創立）が発行していた『季刊ホリスティック教育』の編集代表を一年間していたことがあります。

毎号特集を組んで発行してきましたが、その特集タイトルを見ると、「教師がホリスティックな教育に目覚めるとき」「子どもの声に耳を傾けるとき」「二十一世紀の学校を創造してゆくために」「ホリスティック教育ムーブメントinにいがた」とありました。

特に、一九九八年三月第七号の特集「子どもの声に耳を傾けるとき」では、中学生・東條希美さんと養護教諭の早瀬尚子先生との共著『空になりたい』（岡山のサークルいちごつなぎの企画）という詩集を取り上げ、早瀬先生に「保健室登校の子ども　岡山のサークルいちごつなぎ　東條希美さんの詩集『空になりたい』から」を寄稿いただきました。

二十年以上も前の記事ですが、今でも生徒や先生方がハッとさせられる中学生の希美さんの詩と言葉が生まれる背景には、中学三年生・希美さんの下駄箱のシューズの中に「ムカツク、えーかげんにせえ」のイヤガラセのメモが入りはじめ、「死ね」「チクッタナ、殺しちゃる」などの文字、カッターナイフの刃も入る手紙が続きました。生きづらさ苦しさを抱えながらも希美さんは、何とか保健室登校を続けることができました。保健室では自らを励ます詩を書いたり、おとなたちに問いかける詩を書いたり、早瀬先生と過ごした救いの日々の詩を書き続け、約四〇〇編が書かれました。中学校の先生方の様々な取り組みも虚しく、希美さんが卒業するまでイヤガラセは続いていきました。

優しさだけが愛じゃない‼
大人になると／忘れちゃうのかな
あのころの気持ち／小さかった時の／その気持ち
泣けなくなった〝大人たち〟／
いったい／どこで／ないているの
〝広く大きな／心をもっている人〟
これが／ホントの／大人じゃないの？
全てを／信じれなくなった時／全てを／愛せなくなった時
〝空〟になりたいと／思ったことが／何度もある

じっと／じぃっと
空を／大きな空を／見ていたら
じんわり／じんわり
涙がこぼれた

早瀬先生は詩集のあとがきにこう書いておられます。

彼女の送るメッセージは、私たち大人たちに向けられた厳しいメッセージでもありました。「うわべだけかっこいいことを言ってちゃだめだよ。心でぶつかってこなけりゃ…。」この言葉は、私の胸に深く突き刺さりました。イヤガラセの手紙が入りはじめた頃、学校側として何ができるか、教師としてどう対応するかなどという形式的なことばかり考えて、彼女の立場に立って対応することはできませんでした。（中略）そしてあの言葉…。私が心からぶつかっていないことを、彼女は見抜いていました。同じ人間として向かってきたつもりでいた私でしたが、やはり教師と生徒という立場を崩し切れていなかったのです。（中略）彼女と出会ったことで。自分自身を見つめることができました。これからも彼女と同じこの空のしたで一緒に泣いたり笑ったりしていくことでしょう。／ありがとう〝希美ちゃん〟

早瀬先生にとって、この詩集『空になりたい』は、こどもとおとなの間の当たり前だった関係性を問い直すきっかけになっていったのではないでしょうか。その後、二十年の歳月が過ぎ、学校現場ではスクールカウンセラーとのかかわり、Special Needs Education（特別支援教育）など様々なシステムが構築されてきましたが、こどもとおとなの関係性のリハビリなしにシステムだけが構築されたとしても本質的な問題解決には至らないのかもしれません。

ここに今、「Education／教育」とは何かを考え、リハビリしてゆくためのヒントがあるように思われてなりません。また、こうした記録が当事者の記憶にだけではなく、生き

読む　季刊ホリスティック教育について（pdf）

づらさを抱えるこどもたちとおとなたちにとって意味ある「記録」になってゆくのではないかと思わずにはいられません。こどもたちの内面に潜んでいる、思いや願いを呼び起こし引き出し、また、それを受け止めたおとなたちの内面に今まで気づかなかった思いや願いをも呼び起こし引き出してゆく新たな関係性への問いと気づきと学びが生まれてくるのではないでしょうか。

なお、この『季刊ホリスティック教育』誌は、創刊準備号から第十五号まで刊行されましたが、私の知る限りでは大学の図書館などに所蔵されておらず、私をはじめ当時の会員の手元にしか残っていないのではないかと思います。

ただ、私が、同協会編『ホリスティック教育研究』第六号（二〇〇三年）に「日本におけるホリスティック教育のあゆみ 1996–2000 ―『季刊ホリスティック教育』誌の分析を中心に―」を書いています。上のＱＲコードからダウンロードできますので、ご覧ください。

フィールドを大学に

さて、二九年間の中学校教師の生活をあとに、二〇〇七（平成十九）年四月から、私はフィールド（現場）を学校から大学に移すことになり、学術研究中心できた「研究者教員」ではなく、学校の現場で実践‐研究を続けてきた「実務家教員」というポジションで「教職大学院」の立ち上げとその運営、「教育」をめぐる研究‐実践に向かっていきます。

もともと大学・大学院（修士課程）では歴史学研究を専門にし、そのあと、社会科（歴史）教育を中心に、「帰国子女」教育・国際理解教育・環境教育、そして、一九九四（平成六）年からホリスティック教育―つりあい・つつみこみ・つながり、継ぎ続けるための試み―の実践‐研究をしてきました。二〇〇三（平成十五）年から四年間の副校長時代には、学校組織マネジメント―いじめやＳＡＲＳ（重症急性呼吸器症候群）への対応など、危機管理、附属国際中等教育学校の創設準備など―をしていた私は、教育・経営の実践をめぐる経験知・実践知はそれなりにもっていました。しかし、教育学をめぐる理論知は十分ではありませんでした。

まさに東京学芸大学教職大学院の設置準備からシラバスデザインへの参画、そして担当科目となった「カリキュラム開発の方法（のちのカリキュラムデザイン基礎）」「学校組織マネジメント」「教育ネットワークの構築方法」「人権教育フィールドワーク」などは、大学院生とともに理論と実践を架橋・往還しつつ、学び究めながらの講義・ワークショップを行わねばならず、毎日が大忙しでした。

特に、二〇〇九（平成二一）年から十年間にわたる学校法人自由学園のフィールドワーク、二〇一〇（平成二二）年から十一年間の「所沢市ＥＳＤ調査研究協議会」（校長・教頭・小中学校教諭・指導主事とのＥＳＤ授業研究会）、大田区立大森第六中学校や杉並区立西田小学校にはそれぞれ数年間、ＥＳＤ／ＳＤＧｓの研修会などに参加し続けてきました。

自由学園での四年間

東京学芸大学を定年退職したあと、二〇一八（平成三〇）年四月、学校法人自由学園（一九二一年創立、東久留米市）でお世話になることになります。私は、「ホリスティック（全人・全連関的なつりあい・つつみこみ・つながり、継ぎ続ける）」と「国際理解（多様で異なるひと・もの・ことへの見方・考え方・感じ方・在り方・成り方）」、「持続可能な開発目標」（天地自然・すべての生き物の未知‐未来のデザイン・ＥＳＤ／ＳＤＧｓ）というキーワードでともにつながり合った自由学園の学園長・高橋和也さんに導かれ、四年間過ごす機会を得ました。

自由学園での私の仕事は、大きく分けて三つありました。

まず、学部で私の専門である「ホリスティックな学びとケア」の講義科目をもつことでした。具体的には「越境する教育学入門」（理論・哲学を学ぶ講義）と「質的研究入門」（フィールドで出会う・観る・聴く・対話する・共に在る・感じる・考える、書物をひもとき、書き言葉または話し言葉で記録する文化誌／エスノグラフィーを創作する講義）を担当しました。二つ目は、百年続いてきた自由学園のカリキュラム（共生共学をめざす女子部・男子部中等科・高等科を中心に）をリデザインすることに微力を注ぐことでした。私にできることは、ささやかではありましたが、「ホリスティック」「国際理解」「持続可能な開発目標」という三つのキーワードをもとに、東京学芸大学の附属（大泉・世田谷）中学校や教職大学院で学び究めてきた新しいカリキュラムデザインの理論と方法を援用し協力することでした。三つ目は、カリキュラムデザインに裏打ちされた先生方の実践力向上をめざす自律的な学び（研修）システムをデザインすることでした。お互いの「授業」を参観し合い、そのあと、こどもたちと先生が「何をしていたのか（Do）」「何を考えていたのか（Think）」「どんなことを感じていたのか（Feel）」「何を望んでいたのか（Want）」、そして、「この時間の背景にあるこれまでやこれからの流れは何か（Context）」について、対話す

9フレーム記録フォーマット

る機会（見通し問い直し／Reflection）をもつことでした。〔9フレーム記録フォーマット〕

多分、この四年間の学びと暮らし《まなくら》がなければ、この本を書くことはなかったと思います。この四年間、教職員の方々はもちろん、学部生や児童生徒のみなさん、そして自由学園南沢キャンパスの自然とそこに生息・飛来する生き物たちとともに《まなくら》してきたこととは何か、その一端を述べていきたいと思います。

自由学園でお世話になる前、約十年間にわたって学生・院生とともに外から訪れるフィールドワークを続けてきましたが、いざ、実際、内側からフィールドワークを始めると、今まで見えていなかった「よさ」と「問い」が見つかっていきます。

試験管の中で化学変化が起こるのを外から観るのではなく、その試験管の中に自らを投じ、その化学変化に身を任せながら自他の変化を観るのは至難の業です。その対象について外から客観的に分析をするのではなく、内側にあって自他ともに対象となって主観と主観を重ね合わせながら、より客観的にものに練り上げてゆくのは、当初、極めて辛く時間のかかることでした。

あなたはＳＷＯＴ（スウォット）分析という言葉をお聞きになったことはありますか。

簡単にいうと、内部の強み（Strengths）と弱み（Weaknesses）、外部からの好機

「まなくら」は成田の造語。ラジオ番組「なりっちの越えるまなくらタイム」（越境する学びと暮らし）にも使われている。

（Opportunities）と脅威（Threats）という四つの視点で組織を分析してゆく方法です。私は、自由学園の内側にやってきたばかりでいきなり「これはあなたの強みです！これが弱みです！」と客観的にＳＷＯＴ分析をして突きつける勇気も自信もありませんでした。

高橋学園長とは十年以上の付き合いもあり、分析結果を受け止めてくださることは容易に予想できましたが、肝心要の教職員のみなさんと分析結果を共有できなければ、私に与えられた三つの仕事は達成できません。そこで、私はＳＷＯＴ分析の方法をヒントにして、「ＧＩＯＱ探求」という手法を開発し試みました。自由学園の内側（Inside）にある「よさ（Goodness）」と「問い（Question）」、外側（Outside）にある「よさ（Goodness）」と「問い（Question）」の分析ではなく、ともに探し求めてゆく手法です。

このＧＩＯＱ探求の「よさ」は、直線的に探究者（分析者）が対象者へその結果を提示（教示）するのではなく、対象者自体 - 自身の「よさ」を共有しつつ、「問い」を共有することで対話が生まれていったことにあります。アンケート調査など量的統計的調査のように数字で示されるものではないため、すぐにその傾向がわかるものではなく、常に新たな「よさ」と「問い」の探求が続くので、数字のように割り切れずわからないためモヤモヤや違和感が残り続けました。この四年間でＧＩＯＱ探求という手法を自ら進んで共有しよ

読む　バタフライ・エフェクトへつながるWS

うとした教職員は一割程度だったと思います。正直、もう少しここ自由学園にいられたらという残念さがなかったと言ったら嘘になります。しかし、私自身とおよそ一割の方々―特に、未知‐未来をたくさんもっている高校生や学生―には、今後、それぞれの居場所や立ち位置でＧＩＯＱ探求を進め、広がりと深まりに期待したいと思っていますし、小さな蝶（バタフライ）の羽ばたきの大きな効果が得られるのではないかと思っています。

この効果については、アンディ・アンドルーズさんの『バタフライ・エフェクト―世界を変える力―』（弓場隆さん訳、ディスカヴァー・トゥエンティワン、二〇一一年）という本が出ているので、上のＱＲコードからご覧ください。

ここ自由学園でＧＩＯＱ探求を続けてきたこと、とりわけ「問い」の探求は、自由学園という固有のフィールドで行ってきたことでしたが、自由学園をはるか越境して多くの学校園・大学やそのほか「Education／教育」のあるところにおいても共有できる本質的で根源的な「問い」であり、その「問い」への応答も本質的な意味をもちうるのではないかと思われてなりません。

自由学園の四年間で、定点「観測」ではなく、定点「観察・対話・思索・文献参照・記録」をしてきたことを生かし、また、ともに「探求」してきた所沢市ＥＳＤ調査研究協議

	現在及び過去の「よさ（G)」とは何か	未知なる未来への「問い（Q)」とは何か
内側…I	・学びと暮らしの小さなコミュニティの意味 ・生活即教育から生活即探求をめざす ・真の自由人、いのち経営者をめざし続ける ・思想しつつ生活しつつ祈りつつの有意味性 ・よくみる - よくきく - よくするという基点 ・南沢の自然と生き物、木造建築物との共在	・記憶を記録し、発信できているのか？ ・問い直し - 見通しの時間と場は担保されるか？ ・生活と学知 - 学問の架け橋は築かれたか？ ・学びと暮らしをどうリデザインし続けるか？ ・こども - おとなの関係性を問い直し続けられるか？ ・自他ともにクリティカルに問い続けられるか？
外側…O	・全国友の会 20 歳代～ 100 歳代約 15,500 人 ・婦人之友社『婦人之友』など定期出版活動 ・デンマーク・オレロップ体育アカデミー ・ポーランド・ポメラニアン大学 ・埼玉県名栗柏木フィールド活動協定の締結 ・外在する百年の歴史と文化との並進と共在	・卒業生や保護者以外の方々の認知度はどう？ ・イベント型ではなく日常的協働の可能性は？ ・内外の食・植林活動地域の市民との展望は？ ・地球 - 地域の市民との環境文化共創の展望は？ ・公私のフィールドで進む DX への対応は？ ・加速度的に進む人口減少社会への対応は？

表　GIOQ 探求「自由学園のカリキュラムと実践 2018-2021」（抄）
成田による GIOQ 探求　作成：2022.10.15

会での十一年間の試み、大田区立大森第六中学校や杉並区立西田小学校での数年間の試みとも地の底や海の底で通じ合う「果実（成果）」と「種（課題と展望）」が見つかったといってもいいでしょう。また、他所と比べものにならない経験は、この四年間に自由学園創立百周年という時空間と人間《じんかん》（人と人との間）に居合わせることができたことでした。

自由学園百年の歴史は、単に過去を懐かしみ回顧するだけのものではなく、今ここ現在とその百年の過去と向かい合い、対話することであり、また、地球・地域規模でここに住む生き物の一種である私たち一人ひとりが、持続不可能か可能かせめぎ合う未知‐未来との対話を始める基点となりうるのではないでしょうか。その意味で自由学園において「GIOQ探求」を開発し、試みてきたことは単なる偶然の産物ではなかったのかもしれません。

当初、私にとってフィールドでしかない自由学園ではありましたが、私しかもっていない小さく細い一本の管のような「管見鏡」から「全球的全人（類）的」と表現できるような広くて深い世界が見えてきました。それも望遠鏡や顕微鏡から見える世界とは明らかに異なる世界だったように思います。

本書の読み手を広げて

この本は、当初、自由学園の教職員のみなさんと生徒さんや学生さん、親御さんや保護者の方々をはじめ、学校や大学におられる方々向けの本として書き始めました。しかし、書き進めるうちに、二〇二二年四月から現在、学校や大学など直接「Education／教育」にかかわる方々だけではなく、これまでこれから「Education／教育」につながりかかわった／かかわる多様な世代や地域を越えて生活者市民や企業市民、NPO市民、行政市民の方々にも読んでいただける本にしようと思い始め、書き進めてきました。

それはなぜでしょうか。この四月、これまで学校や大学という「Education／教育」が常にあり、当たり前のように生徒や学生・院生とともにあった私が、自由学園をはじめ、そうしたフィールド（現場）とそこにいた人たちから離れ、ある意味で喪失感を抱いていました。

先に触れたように、そうした喪失感に浸り続ける間もなく、縁あってTOKYO854くるめラという東久留米市にあるコミュニティFMのラジオ・パーソナリティになってしまいました。月二回ではありますが、リスナーさんが小・中学生から高齢者までおられ、しかも姿が見えないお相手に語ったり、アシスタントの「あこちゃん」と掛け合いトークをしたり、リスナーさんからおたよりやリクエスト曲をいただいたり、絵本や詩などをご紹介する「よみきき」コーナーをもったりしてきました。

今までのように平気で難しいカタカナ語（翻訳できない／したくない外国語）やいかめしい顔かたちをしている漢語を使って語ったりしていては、リスナーさんに届かなかったり掛け合いトークしたりできないことを知りました。三月まで学知 - 学問の世界の末席にいた者として専門家ぶることはできず、多様で異なる世代や立場の異なるリスナーさんと並び進んでいこう（並進する）と心に決めました。

人と人がお互いに理解し合うとき、六つの理解（understanding）を意識したいと思います。

①〔説明 explanation〕わかりやすく説明したり、
②〔解釈 interpretation〕たとえ話にしたり言葉を言い換えたり、
③〔応用 application〕具体的な場面に当てはめて応用したり、
④〔展望 perspective〕これから先を見通すための選択肢を増やしたり、
⑤〔共感 empathy ／違和感 negative capabicity〕共感を抱き合ったり、たとえ違和感があったと

してもしばし留まってみようと呼びかけたり、

⑥〔自己認識 self-knowledge〕そして、何よりも私とあなた自身の理解がどう広がり、深まっていくのか確かめつつ進んでみることです。

これまでの「理解」とは、誰かから知識や技能を教えられ、受け止めてゆく直線的な物語の上にあったのですが、十数年前、カリキュラムデザインの研究－実践をしているとき、「理解」には六つの側面があるということを知り、目から鱗が落ち、直線的なやりとりではなく六角形の六側面から「理解」を理解するようになりました。

しかも、教え教えられる知識や技能という内容そのものだけではなく、特に、その「理解」のためには、どれだけたとえ話や言い換えができるか、見方や考え方だけではなく、共感や違和感という感じ方をも視野に入れられるか、最終的にはあなたと私自身の認識の広がりや深まりを自覚できる

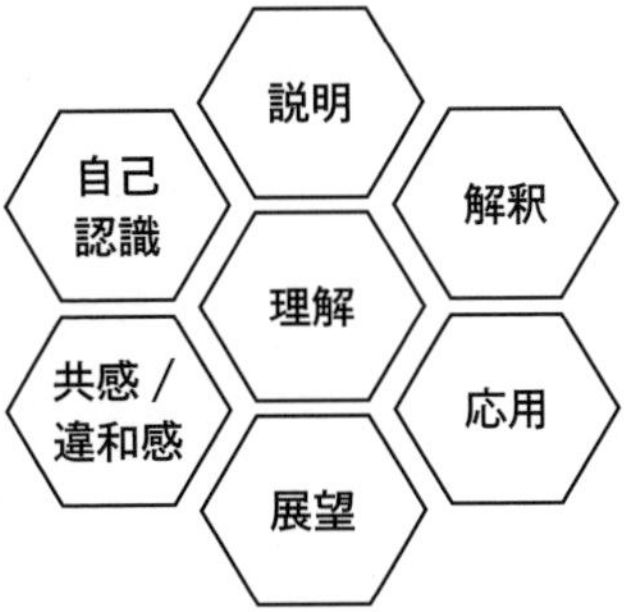

図　理解の六側面
ヴィギンズ＆マクタイ（2012）をもとに作成（共感に違和感を付加）作成：2017.7.6

かどうかということに注目してきました。

これまでは、私自身が学び究め「理解」してきたことを目の前の生徒や学生や教職員の方々にご紹介してきたのですが、その新しい「理解」観をもとに、今、アシスタントの「あこちゃん」と掛け合いトークをしたり、リスナーさんとおたよりを交わし合ったりしています。

これらの経験は、私がこれまで踏み込んだことのない百年間も学び暮らし続けてこられた人々のいる自由学園で、たった四年／百年間でしたが、「ＧＩＯＱ探求」をし続けてきたこと、そして、二〇二〇年から全球的全人（類）的レベルで広がったコロナ的状況―「禍」だけではなく新たな「チャンス」を秘めた―に出会ったことで、「理解」観の広がりと深まりを実感しています。

新訳「涵養成る／化育成ること」の背景にあるもの

私は、かつて研究者仲間からしばしば「ナリック・ワールド（かつて中学生がつけた私のあだ名『Mr. Narick』の世界）に生きているね」と言われたり、「あなたは造語癖があるよねぇ」と言われたりしてきました。当初は、みんなとは異なる世界で生きている「変人」、世間では通じない言葉を使う「異人」とあざけり笑われ、馬鹿にされているという被害者意識をもっていました。

しかし、この四年間、自由学園というフィールドと全球的全人（類）的なコロナ的状況で《まなくら》（学び暮らすこと）を続けてゆくうち、その嘲笑や揶揄《やゆ》がありがたい「勲章（バッチ）」のように思え、唯一人（唯一者）だったとしても意味ある新しい世界を展望したり、新しい言の葉（メッセージ）を放ち送ったりすることができるのではないかと思えるようになりました。単なる「ナリック・ワールド」ではなく、「クセのある造語」でもなく、生活-経験世界と学知-学問世界の境界や限界をそれぞれに越境し合い、持続不可能か可能かせめぎ合う時代に生きる生き物である私たちの未知-未来を切り拓くヒントを分かち合えるのではないかと思っています。この本でしばしば使われる言葉（私＝Mr. Narick の造語・新解釈）のいくつかをご紹介しておきます。

まず、すでに第I部の冒頭で出てきたEducation の新しい訳「涵養成る／化育成ること」の意味についてです。

「教育」とは、親や教師・教授・専門家・社会・国家がこどもや生徒・学生・素人・市民・

読む　社会性涵養プログラムの有意味性（pdf）

国民を「教育」することで、こどもや生徒・学生・素人・市民・国民は教えられ受けることです。この文脈からすると、たとえ権利だとしても「学ぶ」権利ではなく、「教育を受ける」権利です。したがって、「主」と「客」という主従関係の上に由来する言葉です。「涵養」とは、辞書には「水が自然に染み込むように、無理をしないでゆっくりと養い育てること」とあり、「主」が「養い育てる」、「客」が「養われ育てられる」という意味に捉えることができますが、「主」が「養い」、「客」が「育つ」とも捉えることもできます。

しかし、二〇一五年八月、たった一日でしたが、私がフィールドワークに入った奈良少年刑務所の「社会性涵養プログラム」での観察と、主たる担当をされていた寮美千子さん（作家）と松永洋介さん（デザイナー）、竹下三隆さんと乾井智彦さん（教育専門官）との対話、そして、思索・哲学と文献の参照を経て、その記憶を記録にした「奈良少年刑務所『社会性涵養プログラム』の有意味性―ホリスティック教育／ケア学の視点から―」という「作品」を書きました。

そこで気づいたことは、このプログラムを進める寮さんたち（主）が受刑者少年たち（客）の社会性を「水が自然に染み込むように、無理をしないでゆっくりと養い育てること」をめざしていたのですが、受刑者少年たち（主）が寮さんたち（客）を「涵養」していく場面が見られたことです。寮さんたちは、学校や大学の教師や教育研究者ではありません。むしろある意味で「素人」です。寮さんたちは、直線的に「社会への適応と更生」のために知識や技能などを教え、更生させてゆくのではなく、受刑者少年たちの「社会性」を「水が自然に染み込むように、無理をしないでゆっくりと」呼び起こし引き出し、養い育む試みをしていったのです。そして、その過程で、寮さんたちおとなが受刑者少年たちから新たな問いと気づきと学びを呼び起こし引き出されてゆくという逆転した関係性があったことに、私は一方向からの問いと気づきと学びを与えたり、受け止めたりする関係性を越えた試みがあったことに驚きと感動を抱きました。Education の旧訳「教育」という言葉では理解できない Education があり得ることを確信したのです。

手塚さんや大田さん、田中さんたちが、問題提起をし続けてこられたことを奈良少年刑務所「社会性涵養プログラム」の場にいた受刑者少年たち（こども）と寮さんたち（おとな）がなさったそれぞれに「多様で異なる境界や限界を超えた未知－未来への問いと気づきと学びを、呼び起こし引き出し、養い育ててゆく試み」は旧訳「教育」では到底理解できず、まさにその「涵養」という言葉に注目してきました。自由学園を去る直前、中国にルーツをもつある高校生と対話したとき、「教育」と「涵養」という言葉の話になり、その高校生は「涵養」ということへの違和感を語ってくださいました。「教育」は教師から私たち生徒が教えられるという明確なイメージがありますが、中国語でいう「涵養」にはそうした関係性ではなく、自分自身が「充電」するというイメージがあります、とのことでした。

そのお話を聴いて、「涵養」には教師や親がする行為、生徒やこどもがされる行為ではなく、教師や親であろうが、生徒やこどもであろうが、自らを「涵養」する行為だとすると、「主」「客」を越えた言葉であると理解することができるのではないかと思います。この新訳「涵養」の意味を再認識することになっていきました。

そして、次に、私が新訳「涵養成る／化育成ること」に「涵養」だけではなく、「化育」という言葉を併記した理由について述べていきたいと思います。

私が「化育」という言葉に初めて出会ったのは、一九九九年二月でした。まだ、私が中学三年生の学級担任・学年主任をしているときでした。生徒たちがそれぞれの進路に向かおうとしていたとき、大泉学園駅の近くにある北野神社さんにお参りに行きました。お参りを済ませて帰ろうとしたとき、お賽銭箱の脇に「ひとえに神社神林その物の存立ばかりがすでに世道人心の化育に大益あるなり（南方熊楠《みなかたくまぐす》）」と書かれた東京都神社庁発行の「生命の言葉」が置いてありました。そのときは、鎮守の森が人々の心に意味を与える「化育」

南方熊楠と化育

という言葉があるのかと漠然と思っただけでした。

そのあと、自由学園でＧＩＯＱ探求を進めてゆくと、自由学園南沢キャンパスの樹木とそこに生息したり飛来したりする生き物がこどもたちやおとなたちを「水が自然に染み込むように、無理をしないでゆっくりと」養い育ててきたことに気づき、南方さんの「化育」という言葉を思い出しました。博物学者の南方さんの語った「化育」は、明治時代に神社の統廃合問題が起こったとき、統廃合に反対する「神社合祀に関する意見」の中にありました。これをお読みになりたい方は、上のＱＲコードから読むことができます。

この四年間、羽仁吉一さんとともに自由学園を創立した羽仁もと子さんの『羽仁もと子著作集（全二一巻）』を読み進めていたとき、随所に「化育」という言葉が使われていることに気づきました。（傍線は成田）

・「草花は自然の化育によって、その与えられた生命《いのち》のままに、分時も休まず成育してきたのです。」（第二巻）

・「地を耕し、種子《たね》をまき、これに肥料を与え、これを耘《くさぎ》っておくならば、あとは、天地の化育によって、日々《にちにち》夜々《やや》に成長し、ついに実を結びます。」（第三巻①）

・「まして自分は出来るだけ骨折って、自分の本心に忠実な生き方をして、その生活の上に、多くの歳月が積もって行ったら、播《ま》かれ水そそがれ耘《くさぎ》られた種子《たね》が、天地の化育によって知らずしらず花が咲いたり実がなったりして来るようなものです。」（第三巻②）

・「われらの肉の生《いのち》は天地の中に棲んでその化育を受け、われらの霊の生《いのち》は神の中に住んで、聖《きよ》き愛の交通を持つことによって、はじめて本当のわれらが成長してゆくのです。」（第三巻③）

・「人間《ひと》はみな父なる神にまもられて、天地《あめつち》の化育のもとに生きている、尊いけれども子羊のごとくか弱い存在です。」（十三巻）

・「ある動物や木や草や作物が、自分たちは自分たちの力で生きているんだ、われわれの食を求める朝夕の努力を見よ、春夏秋冬の営みを見よ、苦心を知れといったら、大いなる天地の化育もそれを助ける人力も知り得ないその虫のよい放言に、いかにわれわれは驚くであろう。」（第十九巻）

羽仁もと子さんの言葉は、南方さんの言葉にある鎮守の森が人々を「化育」するという意味だけではなく、人間を含むすべての生き物が『大いなる化育』のもと生きていると天地・自然の「化育」にも言及されています。

小学生へのリスペクトの意味

ここかしこで目にするSDGs（持続可能な開発目標）ですが、二〇二一（令和三）年六月、西東京市立碧山小学校の先生方から「SDGsを小学生に説明するとしたら、成田さんはどうなさいますか」と尋ねられました。大学生や院生ではなく、小学生に説明せよという難問をいただいた私は、その場ですぐに応答できませんでした。また、さすがに小学校低学年のこどもたちまで視野に入れることはできず、中学年以上を想定した応答を考えてみました。


SDGs（エスディージーズ）、持続可能な開発目標（じぞくかのうなかいはつもくひょう）ってね。

とってもふしぎな『問題集（もんだいしゅう）』のようなものです。

ふつうの『問題集』には、かならず、正解があって、先生は答えや解き方を知っていて、〇か×かが付きます。

しかし、このふしぎな『持続可能な開発目標十七』という問題集には、十七個の答えがあるのはわかっているのに、その解き方に正解はありません。

そう、先生やおとなたちもその正しい解き方をまだ知りません。

その答えにたどりつくには、友だちや家族、地域の方々、よその国の人たちなどと、解き方をさがしていくこと、ともにその解き方をためしてみることなんです。

それも教室や机の前だけではなく、家庭や地域、図書館やインターネットなどで、その解き方さがしをしたり、ためしにやってみたりしていくことなんです。

このふしぎな問題集『持続可能な開発目標十七』を手にしながら、その解き方さがしの「学び」は、中学生になってからもおとなになってからもながくつづく、未来の私たちと地球とをつなぐ旅にさそい出してくれます！

もし、このふしぎな問題集に帯をつくるとしたら、こんなキャッチフレーズをつけたいですね。

『この問題集に〇×はありません。ワクワクモヤモヤしながら、あなたと地球とをつなぐ、十七の解き方さがしの旅に出ませんか』


「問題集」というたとえ話は、蟹江憲史さんの『ＳＤＧｓ（持続可能な開発目標）』（中公新書、二〇二〇年）の二二四頁を参考にしました。なお、蟹江さんのこの本の巻末にＳＤＧｓの十七の目標と一六九のターゲットの「新訳」があります。しかし、果たしてこの応答でこどもたちに伝わるのか、心もとなかったので、小学生のお子さんがいる若い研究者仲間にこの一文を送り、お子さん（当時小学校五年生）に読んでもらい、ご意見をいただくことにしました。すると、そのお子さん、山田佳蓮《かれん》さんからご意見が届きました。

ＳＤＧｓを簡単に言うと私は、地球上で全ての生き物が生きやすくなる目標だと思います。Narick 先生の説明はわかりやすいですが、問題の解き方という言葉にひっかかりました。みんなでどう協力するかという協力の仕方ではないでしょうか。Narick 先生、よろしくお願いいたします。

この短く、しかも分岐点に立ってより選択肢を増やしてくれた、佳蓮さんのクリティカルなコメントを拝見して、私は驚きと同時に佳蓮さんに対して見上げるほどの「リスペクト（Respect）」の念を抱いてしまいました。

いろいろな経済・社会・環境・文化などの背景をもつＳＤＧｓです。十七のゴール（達成したい目標）のもとにはさらに細かく多岐に富む一六九のターゲット（詳細な標的）があり、それでもすべての全球的全人（類）的な課題を網羅することもできていないという現実があります。その意味でＳＤＧｓの複雑怪奇なゴール（ターゲット）を越えて共通するシンプルで究極的なゴールとして佳蓮さんは表現なさっていました。

とかく人間中心的な見方・考え方、感じ方に陥りがちになるところ、ヒトごととつながる生物多様性への視点を基点に据えた「地球上で全ての生き物が生きやすくなる目標」と、そのために「課題解決の仕方」に向かう前提として不可欠な「みんなでどう協力するかという協力の仕方」に言及されています。

私が佳蓮さんへの「尊敬」の念とせず、「リスペクト（Respect）」の念としたのには、訳があります。「尊敬」と書くと、とかく道徳で語られてきた「長幼序有り」という言葉のように、年少者は年長者を敬い、年長者は年少者を慈しむという構図をイメージしてしまいます。しかし、「リスペクト（Respect）」と書くと、そのイメージから逃れ、しかもラテン語の語源にさかのぼると、かつて「振り返って見る」という意味がありました。

私は、むやみやたらにカタカナ語を使うのには違和感がありますが、Respect＝尊敬と英和辞典の引き写しではなく、「振り返って見る」という語源をヒントに、小学生の佳蓮さんに対して「リスペクト（Respect）」の念をもちつつ、まさに年長者たる私自身を「振り返って見る」機会を合わせもつことになったからです。これは、一例に過ぎません。自由学園や大田区立大森第六中学校・杉並区立西田小学校のフィールドワークでは、こどもたちを「リスペクト（Respect）」してしまう場面を多々見てきました。

私は、そうした場面を「逆《ぎゃく》‐啐啄同時《そったくどうじ》」と表現してきました。禅の言葉で「啐啄同時」とは、殻の中にいるヒナが殻を破って出ようと鳴く声を聞いた親鳥が殻の外からつつき割る瞬間を表した言葉です。親子や教師とこどもたち（師弟）との絶妙な関係性をいい表した言葉です。私が長いことフィールドに入り続けているうち、目や耳にしたのは、その逆、古い殻の中にいてもがいている教師たちをこどもたちがやんちゃしたり問いかけたり、その殻の外からつつき割る瞬間でした。まさに「逆‐啐啄同時」ともいうべき現象です。

Educationの旧訳「教育」では、「啐啄同時」現象は視野に入りやすく比較的推奨されやすいことでしょう。しかし、「逆‐啐啄同時」現象をも包み込んだとき、それはイメージしにくくなるのではないでしょうか。

「よみきき」デビューへ

あなたは、「読み聞かせ」という言葉を見聞きしたことはありますか。

一般に年長者（おとな）が年少者（こども）に絵本や物語を読んで聞かせることを意味

しています。その行為は、年少者から様々な驚きや感動を引き出す素敵な試みです。その行為自体を否定するわけではありませんし、「言葉狩り」をするつもりもありません。しかし、二〇〇九年、学校図書館の活用実践で注目を浴びていた山形県鶴岡市立朝暘第一小学校に学生や院生とフィールドワークに入ったとき、「読み聞かせ」という言葉のイメージを拭い去ってしまう実践があることを知りました。

それは、小学一年生が自分で選んだ絵本を小学六年生に読み、その上級生が下級生の選んだ絵本を「読む」のを「聴く」という場面でした。「読み聞かせ」をされる方々の中には、この言葉に違和感を抱き、「読み語り」とか「読み合い」といい換える方もおられるようです。

その実践に出会ってから、私も「読み聞かせ」にかかわる言葉はないかと探したり、学生・院生に問いかけたりしてきました。そして、いろいろ思い悩んだ挙句、二〇一四年、東京農工大学の集中講義「特別活動論」で「〈よみきき〉にいいえほん」というテーマで、大学生が自ら選んできた絵本を「読み」、受講生たちと私が「聴く」という体験をしました。「読み手」がすなる〈よみきき〉、「聴き手」がすなる〈よみきき〉、年長者か年少者かにかかわりなく、絵本を真ん中に誰がなってもいい「読み手」と誰がなってもいい「聴き手」がその場にいる〈よみきき〉がデビューしました。

この〈よみきき〉という言葉を使い始めたことは、Educationの訳語としての「教育」のリハビリをするための試みの一つだといっても過言ではありません。

「教育／Education」のリハビリとは何か

第I部の冒頭で、新しい訳「涵養成る／化育成ること」は、「天地の自然や社会・文化における多様で異なる境界や限界を超えた未知－未来への問いと気づきと学びを、あなたと私がそれぞれ呼び起こし引き出し、養い育ててゆく試み」としました。

教師や親などおとなが生徒やこどもなどを「教育」するという一方向の直線的な行為だけではなく、それぞれが「主」と「客」を越えた「涵養成る／化育成ること」を視野に入れること、また、「啐啄同時」だけではなく「逆－啐啄同時」をも視野に入れ、「読み聞かせ」だけではなく〈よみきき〉をも視野に入れていくために、どのように「Education／教育」のリハビリをしていったらよいのでしょうか。

この本の副題にある「リハビリ（rehabilitation）」ですが、そもそもどんな意味でしょうか。事典を開くと、「リハビリテーションの定義にはいろいろなものがある。一般には、精神障害、身体障害あるいは慢性疾患を有する人間を、身体的、精神的、社会的、経済的に、できるだけ十分に、できるだけ早く回復させる作業過程をいう。〈rehabilitation〉の〈re〉は動詞やその派生語に添えられて〈再び〉の意を示し、〈habilitate〉はラテン語の〈habilitare〉〈適合させる〉からきている。〈habilitation〉には〈任官〉〈資格を与えられること〉の意があることから、両者が一つの語になって〈復職、復権、名誉回復〉というような意味をもつ」（世界大百科事典 第二版）とあります。

これを読むと、まるで「Education／教育」が人に精神や身体の障害や慢性疾患を与えており、できる限り早く回復させねばならないといっているようです。また、「Education／教育」を「復権」「名誉回復」せねばならないともいっているようですね。

しかし、「Education／教育」とは、本来、人に障害をもたらす行為などではなく、むしろ逆に人の知性や徳性や身体性を豊かにする「善きこと」のはずです。

なぜ、私が「Education／教育」のリハビリを呼びかけているのでしょうか。

これまで述べてきたことから、薄々お気づきになっておられる方もいるとは思いますが、ここでなぜ「教育／Education」のリハビリが必要なのか「問い」への応答を整理しておきましょう。望遠鏡でもなく顕微鏡でもない、私だけがもっている「管見鏡」という不思

読む・聴く　Educationのラテン語語源（educatio）の淵源

議な道具から見えてきた「問い」への応答です。

もしかすると、その整理された「問い」への応答に違和感をもたれる方もおられると思いますが、しばし違和感を抱え留まってみてください。もちろん、「離脱の自由」もＯＫです。最後まで読まず、この本を閉じてしまってもかまいません。

これまで多くの方々が触れてこられたように、Educationのラテン語の淵源《えんげん》（educatio）には、根源的かつ多様な意味があったといわれています。詳しくは、上のＱＲコードから読む・聴くに譲りますが、ここでは次の二つの意味に絞って述べていきます。

一つは、お産婆さんが胎児を「引き出す（エドゥケレ educere）という意味と、もう一つは、乳母が幼児を「養う（エドゥカレ educare）」という意味があったとされています。

また、「教育学（Pedagogy）」という言葉がありますが、このギリシア語の語源「パイダゴーゴス」には、家庭教師や学者が「訓《おし》え」たり「教授し」たりする意味で、今日の学校や大学、様々な研修などで行われる営みで、「Education」のラテン語の語源にあった意味「引き出す」「養う」とは無縁であるとされていました。

ここまでのところ、寺崎弘昭さんと周禅鴻《しゅうぜんこう》さんとの対談形式で著された『教育の古層：生を養う』（かわさき市民アカデミー講座ブックレット、二〇〇六年、六〇～六一頁）を参考にしました。なお、本書は、現在、入手困難ですが、「カーリル」によると、国立国会図書館（東京本館）や東京都立図書館（中央）で閲覧可能です。神奈川県には、川崎市の十三の公共図書館を中心に十六館で所蔵されています。

ここは寺崎さんが語っておられるところですが、私は、この箇所を読んでこんなことを考えました。それは、「教育」が Education の誤訳だといった方々のお話がよくわかったような気がしてきました。Education の淵源（educatio）は、「産む」「育てる」という女性が深くかかわってきた仕事がありましたが、教育学（Pedagogy）の語源が学校などで「教える」「教授する」家庭教師や学者の仕事だったわけで、ここにズレがみられます。

前に触れた通り、福沢諭吉さんが Education の訳を「教育」ではなく、「発育」とすべきと述べられたことを思い出しますね。私もかつて「あなたの専門は何ですか」と尋ねられたとき、「社会科（歴史）教育です」とか、「越境する教育学です」とか、「わかりにくい言葉ですが、ホリスティック教育／ケア学です」とお答えしてきました。歴史を教えたくて教師になった私や、領域や分野を越境し続けて現在にいた私は、この Education というよりは、Pedagogy という言葉の意味で使ってきたように思います。

しかし、海外から帰国した中学生たちからの問いかけ、手塚郁恵さんや大田堯さん、田

読む　初めての自由学園フィールドワーク
エスノグラフィーとしての創作叙事詩

中満年さんのお書きになったものを読むにつれ、Educationの旧訳「教育」に違和感を募らせてきました。また、自由学園をはじめ、フィールドワークに入った多くの学校園で、私自身がこの目と耳など五感や第六感（直観や想像力、ひらめき）をもって「出会う・観る・聴く・対話する・共に在る・感じる・考える・書物をひもとき、記述した記録（エスノグラフィー）」を読み返すと、Educationの淵源とPedagogyの語源とのズレをなんとかせねばと思うようになってきました。

私は自由学園のフィールドワークを経て数々の「エスノグラフィー」（二〇〇九年～二〇二二年）を書き残してきました。ちなみに二〇〇九年十二月、初めて自由学園を訪れたときに書いた作品は上のＱＲコードから読むことができます。

新訳とリハビリへの思いや願い

その思いや願いは、この本を書いている今、頂点に達しています。

・ＳＤＧｓ（持続可能な開発目標）の五番「ジェンダー平等」（女性たちの「生きづらさ」、性の多様性への「理解」の乏しさからくる「生きづらさ」を抱える人たちとともに生きやすい学びや暮らしをつくること）への取り組みの基点として、Education の淵源に立ち返ること、「引き出し」「養う」という言葉とそれに連なる行為へのリハビリ（復権）する必要を強く感じています。「ジェンダー平等」への取り組みはいろいろとなされてはいますが、旧訳の「教育」観を越えて、新訳の「涵養成る／化育成ること」観への広がりと深まりへ「並び進む」必要があるのではないでしょうか。「ジェンダー平等」への「教育」か否かの議論を越えて「引き出し／産まれ」「養い／育つ」というリハビリの視点に立たねば、「ジェンダー」自体を考え始める基点はみえてこないのではないでしょうか。

・教師や教授・専門家の実践や研究はとても大切で、私たちの文化の継承と発展には欠かせない「善きこと」です。しかし、教師とこども、教授と学生、専門家と素人という間柄で、Pedagogy の語源の視点から上から下へとその貴重な文化遺産が降ろされ、伝達・伝授されてゆくことの連鎖が世代を越えて繰り返されてきました。しかし、Education の淵源に立ち返り、「引き出す」「養う」という視点、それも教師・教授・専門家などおとながその視点をもつだけではなく、こどもや学生・素人が教師・教授・専門家から「引き出す」「養う」という「逆－啐啄同時」現象が起こりうることにも期待していきたいと思っています。

自由学園の髙野慎太郎さん（国語科教諭）から紹介されて、國分弘一郎さんの『中動態の世界―意志と責任の考古学―』（医学書院、二〇一七年）という本を読みました。最近、言語学から哲学へと越境してきた考え方に「中動態《ちゅうどうたい》」という言葉があるのを知りました。中動態とは、能動態（する）・受動態（される）という関係性を越えたところに漂う「姿勢」や「状況」を指すようです。順・逆の「啐啄同時」が同時に並び進みながら、「主」か「客」かという立場を越えて人としての「学び」が広がり深まり、その「場」がイメージされてゆくリハビリが不可欠ではないでしょうか。ちなみに「カーリル」によると、國分さんの本は、東京の一〇五の図書館で所蔵されています。

・SDGsのような全球的全人（類）的な課題、学校・大学など「教育」機関やそのほか企業や行政などにおける研修における Education の淵源にある「引き出す」「養う」（新訳「涵養成る／化育成ること」）へのリハビリ（復権）だけではありません。誕生から成長・発達の過程で大きな意味と役割をもってきた「家庭」の親子・兄弟姉妹の関係において、Education の淵源にある「引き出す」「養う」（新訳「涵養成る／化育成ること」）のリハビリは、とりわけ切実な課題ではないでしょうか。

一見、バラバラにみえるニュースですが、「親とされるおとなに熱湯をかけられたこども」「ヤングケアラーにならざるをえなかったこども」、そして、今、焦眉の課題である「苦しみの只中にいるカルト二世となったこども」は、いずれも家庭内にいる親が「善きこと」として「しつけること」「手伝わせること」「その宗教を信仰させること」など、親が権威・権力をもつ旧訳「教育」者として振る舞ってきた結果ではないでしょうか。Education の淵源にある「引き出す」「養う」という意味をもち、自他ともに「涵養成る／化育成ること」をする者としての自覚をもつ機会もなく親となってしまったといっても過言ではありません。

その親や教師・教授・専門家も、「教える」「教授する」という善きことを旧訳「教育」の場や機関で一五〇年以上もののながきに渡って、連鎖・連綿とした「教育」を受けてきた人たちであり、その結果への危うさがここかしこにありそうです。

痛ましい事件に旧訳「教育」の陰

これまでに挙げたこと以外にも、思い当たる事件や事故が多々あります。

二〇二一年三月、名古屋出入国在留管理局に収容されていたスリランカ人女性、ウィシュマ・サンダマリさんが体調悪化を訴えたにもかかわらず、その声は聞き遂げられずに亡くなるという痛ましい事件が起こりました。もちろん、制度やきまりという客観的な問題もあり、この事件の結果、一人の外国人女性の死によって、事実確認の調査とその結果公表などが行われ、再発防止への策がなされるはずですが、私はここにも旧訳「教育」を受け、育ってきた人たちの行為の結果ではないかと思っています。

そのスリランカ人女性の声を聞き遂げられなかった出入国在留管理局の職員の方々は、制度ときまりのもと、一部報道によると「からかい」「内規の無視」もあったようですが、百歩ゆずって上司からみると「真面目」に職務を果たしていたのでしょう。人を死に至らしめようと職務を遂行していたのではないはずです。その職員の方々は、高校や大学を卒業後、それぞれ夢や誇りをもって出入国在留管理に関わる職員になられたのでしょう。

そして、「常に外国人と接するため、高い品格のほか豊かな国際感覚と必要な法律知識が求められ、優れた語学力も備える」（出入国在留管理庁「入国審査官」研修の項）ための各種研修を通してしかるべき「教育」を受け、一人前として実務をなさっていたのでしょう。その研修を担当された教官とそこで学ぶ職員との間で、「教える／教えられる」「教授する／教授される」という直線的な関係性だけではなく、自他ともに「引き出す／引き出される」「養う／養われる」という双方向の関係性のもとで学ぶ機会があれば、「収容する／収容される」関係性にあったとしても、収容された人の「声」に耳を傾ける行為を選択することができたのではないでしょうか。

明治以来一五〇年以上続き、国家と国民、行政と市民、教師と児童生徒たち、教授と学生、専門家と素人、親（おとな）とこどもという関係性が、「教育」「教育を受ける権利」のもと形成されてきたことの危うさと違和感を感じずにはいられません。

「善きこと」が善意の暴力に

二〇二二年六月、「善きこと」が善意の暴力となって二重に傷つけられたという原田公《き》久《く》枝《え》さんと出会いました。一九八一年、アイヌの中学一年生だった公久枝さんは、自らの差別を受けた体験に基づいて書いた「差別」という作文が、井上司さんの編著『教育のなかのアイヌ民族―その現状と教育実践』（あゆみ出版、一九八一年）という本の冒頭に取り上げられました。当時、中学校社会科の教師をしていた私もその本を手に入れ、作文を読み、驚きと感動を覚えました。そして、同世代のアイヌの少女の被差別体験が綴られたその作文を私の教室の生徒と読みました。すると、教室で一緒に読んだ生徒・ゆきこさんが公久枝さんに手紙（返信用の葉書まで同封）を書いたので、送りたいと言ってきました。私は仲介役を引き受け、その手紙を送りました。しかし、お返事はありませんでした。

　しかし、四十年の歳月を経た今年、偶然、その「作文」を書いた公久枝さんと「再会」することになったのです。そこで、公久枝さんの「作文」を読んだ東京の中学生ゆきこさんが手紙を書いたことを告げました。すると、公久枝さんから驚くべき真相を聴くことになりました。その真相とは、あの作文を読んだ学校の先生や生徒から「手紙」や「感想文」などが毎日百通ほど届き、あまりにたくさんあったことと、中には「剃刀の刃」が同封され、「脅迫」する手紙もあったことから、お母さんと相談し、届いた手紙をすべて焼き捨てることにしたというのです。「剃刀の刃」を同封した方以外は、公久枝さんの作文の意味を理解し、「善意」の「善きこと」として送られてきた「手紙」や「感想文」だったのかもしれません。一通とはいえ、私も東京の中学生が書いた手紙を届けようとしました。

　そして、さらに四十年経った今、公久枝さんはアイヌ民族として地元はもちろん、大学など各地で講演活動をなさっておられます。しばしば学校の教師から生徒向けの講演を依頼されることもあるようですが、依頼主の教師からは、公久枝さんの都合や条件を考えることもせず、一方的に「善きこと」としての「人権教育」をしているといった「善意の暴力」に傷つけられることがあるといいます。

齢七十のクリキンディに？

一五〇年以上も続いてきた旧訳「教育」と戦後民主化を潜り抜け、今日に至る「教育を受ける権利」、旧訳「教育」をめぐり問い直す議論もせず改正されてしまった「教育基本法」という旧訳「教育」文化のもとで、いくらEducationの新訳「涵養成る／化育成ること」を提案しようが、Educationをリハビリしようと、「天地の自然や社会・文化における多様で異なる境界や限界を超えた未知‐未来の問いや気づきと学びを、あなたと私がそれぞれ呼び起こし引き出し、養い育ててゆく試み」と意味づけ、提案したところで現状は大きく変わることはないと思っています。この一五〇年以上、多くの方々が、学校や大学などで旧訳「教育」の機会を得て、「教育を受ける権利」を享受し、学び究めてきた教師や教授などが「教育」者市民となり、そのもとで旧訳「教育」の機会を得て、少なからず「教育を受ける権利」を享受し、親になったり、地域の生活者市民や企業市民やNPO市民・行政市民などになったりしてきました。多勢に無勢、齢七十の私には、その旧訳「教育」文化の地層は厚く、そう簡単にその地層を耕し、新訳「涵養成る／化育成ること」の文化が築かれる日を目の当たりにすることは難しいでしょう。人生百年などというキャッチフレーズに踊らされるつもりもありませんが、あと三十年という歳月では「涵養成る／化育成ること」の文化への革命など起こることはないでしょう。

学校や大学の現実をみると、当たり前のように教師が児童生徒に授ける「授業」という言葉は使われ続け、多くの教師たちは児童生徒をいかに学ばせるかの「指導案」づくりに力を注ぎ込み、「生活指導」に振り回され、Special Needs Education も「特別支援教育」と訳されたり……。「教」室の黒板を見ると、児童生徒が「しっかり授業を受けよう」と今週の目標を掲げています。すべて当たり前に「善きこと」としての「言葉」が氾濫し、それに「問い」をもつことなど、余計なことだといわんばかりに時間が過ぎ去っていきます。

分厚い旧訳「教育」文化の地層ではありますが、むかし読んだ『ハチドリのひとしずく：いま、私にできること』（辻信一さん監修、光文社、二〇〇五年）に出てくるハチドリのクリキンディのごとく一滴の「水」を注ぎたいと思っています。

『ハチドリのひとしずく：いま、私にできること』（辻信一監修 光文社 2005年）カーリルで検索すると…公共図書館128館で所蔵

ここまで「物語」として思うままに綴ってきましたが、「Education／教育」のリハビリを呼びかけるだけで終わってしまっては私が「管見鏡」から見た、落とした「一滴の水」にしかなりません。続く第Ⅱ部 新しい訳「涵養成る／化育成ること」へ：Educationのリハビリの仕方」の第一章から第五章で、具体的な「リハビリ」の仕方について、あなたに問いかけ呼びかけていきたいと思います。「ハチドリ」に変身し仲間に入ってくださる方、「バタフライ」に変身し、世界を変える夢を抱きつつ、羽ばたく方がお一人でもお二人でも出てくださることを期待しています。

具体的なリハビリの仕方については、自由学園で過ごした四年間、児童生徒や学生、教職員の方々とともに並び進んできた「並進（Mutual translation）」の中で、練り上げられてきたシンプルなことばかりです。それは、ここに書き上げてゆくだけではなく、自由学園「Lecture RADIO」や「みなみさわ森のRADIO」をはじめ、ラジオでお話ししてきた「声」の記録（聴くラジオ）とそれと関連する「ブログ」（読むラジオ）へジャンプすることで、この本の境界や限界を越えて、旧訳「Education／教育」文化のリハビリ、新訳「涵養成る／化育成ること」の文化の「emergence／創発」に期待したいと思っています。

これまでも何度か語ってきましたが、もちろん、あなたには「離脱の自由」があります。

また、私の「管見鏡」から見たことだけではなく、分岐点に立って多様で異なる選択肢を広げ深めるご意見、クリティカルなコメントもいただけるとありがたいです。

「並進（Mutual translation）」と「創発（emergence）」

第Ⅰ部の本文中や第Ⅱ部の本文中などに登場してくるこの二つの言葉は、私が自由学園で、特に二〇二〇年からの「コロナ的状況」の中で気づいたり、考え続けたりしてきた言葉です。「Education／教育」や「Pedagogy／教育学」の世界では、あまり使われてこなかった言葉ですが、いま私が、Education の新訳「涵養成る／化育成ること」とともに、とても大切にしたい言葉たちです。ここであまり詳しく語ることはできませんが、簡単にその意味について触れておきましょう。

・「並進（Mutual translation）」：親（おとな）とこども、教師と児童生徒、教授と学生などの関係、指導する／される、支援する／される関係性を越えて、両者の間に架け橋をつくり、それぞれが使う言葉を言い換えたり解釈したり、翻訳しながらともに未来をめざし並び進むこと。

成田喜一郎（2021）「深層からの『崩壊露呈』ともう一つの深層からの『覚醒開眼』との狭間に立つ―学びの『創発（emergence）』への気づき：Holistic Education/Care 2020―」（pdf）

・「創発（emergence）」：日常的な学びと暮らし・仕事の中で、《直観や想像力》と《論理と証拠》との間を往来しながら、これからを見通すためにこれまでを問い直し続けてゆくと、新たな問いや気づき、今までとは異なる学びと暮らしが発現し「ふっ立つ」こと。

・「ふっ立つ」という言葉は、辞書にありません。ただし、この「ふっ立つ」という言葉でサイト検索すると、私のLecture RADIO 七十六話「『創発／emergence』を別の言葉で：『ふっ立つ』と『経立（ふったち）』」（二〇二一年一月二十一日、十四分二十八秒）が二番目にヒットします。現在、新潟県小千谷あたりで使われているようです。（二〇二二年十二月六日現在）

もし、詳しく知りたいと思った方は、上のＱＲコードから私の「作品」をご覧になってみてください。

第Ⅱ部

新しい訳「涵養成る／化育成ること」へ
Educationのリハビリの仕方

第Ⅰ部の冒頭に掲げた新訳とその意味について、もう一度、みておきましょう。

私は、Education の訳語を「教育」ではなく、「涵養成る／化育成ること」と訳し直したいと思っています。そして、Education の新訳「涵養成る／化育成ること」とは、「天地の自然や社会・文化における多様で異なる境界や限界を越えた未知‐未来への問いと気づきと学びを、あなたと私がそれぞれ呼び起こし引き出し、養い育ててゆく試み」であると考えています。

旧訳「教育」の危うさを越えるために、日々の学びや暮らし・仕事での経験の中で「涵養成る／化育成ること」という新しい訳を実感・実践するためにどんなことをしたらいいのでしょうか。

一五〇年以上もの間、「教育」という言葉のもたらした呪縛から、そう簡単に解き放たれることなどできるとは思えません。

「天地の自然や社会・文化における多様で異なる境界や限界を越えた未知‐未来への問いと気づきと学びを、あなたと私がそれぞれ呼び起こし引き出し、養い育ててゆく試み」を行うために、日々の学びや暮らし・仕事の中で以下のようなシンプルな試みを継続しながら、新訳への実感・実践に向かっていきませんか。

そして、第Ⅱ部の五つの章のあらましを「鳥の目」で観ておきましょう。各章は、具体的に書かれてはいますが、事例が、生徒や学生、教職員の方々向けに書かれていますので、「ちょっと難しいかな」「今の私に関係なさそう」と思ったら、章を飛ばしていっても結構です。

ただし、一つだけですが、お願いがあります。それは、読まなくても結構ですが、最後まですべてのページをめくることだけはしてくださいませんか。ページをめくってゆくと、目に飛び込んでくる言葉や図・表に出会うかもしれません。そんなときは、付箋だけでも貼ってページをめくり続けてみてください。

▼第一章の概要【「始めに問いありき」でいきませんか】

学びや暮らし、仕事でも常にある「ねらい」とか「目標」を問いのかたちにしてみたり、問いの探求をしたりしながら、その問いへの応答をめざすことです。

もし、ねらいが想定されていない学びや暮らし・仕事だったとしたら、ねらいとなるだろう問いを探しながらことにあたってみましょう。問いが見つかったら、その問いに応答してゆくことが学びや暮らし、仕事につながってゆくはずです。

▼第二章の概要【プランは逆向きデザインで考えてみませんか】

次に、学びや暮らし・仕事をどのようにデザインしてゆくか、ということです。

ガッチリ緻密な計画（PLAN）を立て、実施・実践（DO）して、点検・評価（CHECK）し、改善（ACT）を図ってゆく、よくある方法ではなく、第一章で見つけた問いや探してゆく問いを中心に据え、まずは、「自分はどうなりたいのか」などゴールイメージをもって、そのゴールにつながるプロセス（未来）を逆向きに想定し、そのゴールとプロセスに向かうためのスタートライン（現在）に立つ自分と自分を取り巻く「よさ」と「問い」を確かめてみましょう。そして、これまでの学びや暮らし・仕事（過去）で収穫できた「果実（成果）」や「明日への種（課題）」の記憶や記録をもとにデザインしていきませんか。

▼第三章の概要【これからを見通すために、これまでを問い直し続けませんか】

そして、第二章でゴールからデザインされたプランを実施・実践するプロセスのはじめ・なか・おわり、いつもこれから見通すために、これまでを問い直してみましょう。

単に過去を振り返り、反省するのではなく、リフレクション（Reflection）するのです。英語のReflectionとは、辞書を引くと、一般に「反射・反響・反映・影響・熟考・内省」などの意味があります。問いを抱えながら学びや暮らし・仕事をしたことを、自分の心や頭や身体に受けて、未来に向けて「見通す」ために反射・反響・反映させ、過去や現在を「問い直す」ことです。しかもことのおわりの「振り返り」だけではなく、ことの「はじめ」にもことの「さなか」にもリフレクションはあるものです。そして、リフレクション（見通すための問い直し）は、学びや暮らし・仕事のおわりにする付け足しなどではなく、むしろ学びや暮らし・仕事の最も大切な肝（きも）、物事の重要な点・急所なのだと心得ておきましょう。

▼第四章の概要【記憶を記録に残し、未来につなげませんか】

第一章の「問いのかたちのねらい」をもとに、第二章で「ゴールから逆向きにデザイン」し、第三章として「常にはじめ・なか・おわりにあるその先を見通すための問い直し（リフレクション）」した記憶を記録に残し、未来につなげていきましょう。ただ事実を書き連ね記録するだけではなく、多様な表現方法からあなたがしたくなるリフレクション（見通すための問い直し）の方法を自ら選んで実行してみましょう。例えば、学んだり経験した事実にあなたのひらめきや想像力を加えて、「学びや暮らし・仕事をしている自分はどんな気持ちでいるか」表情イラストから選んでみたり、「詩（自由詩や短歌・俳句など）」のかたちにしたり、「イラストや漫画」・「キャッチ・フレーズ（標語）」・「漢字一字」にしてみたり、そして、書けない、書かない、書きたくなかった結果としての「空白」も立派なリフレクションになります。ただし、表現方法は多様ですが、それらの作品に、必ず、なぜそれを書／描いたのか、書／描かなかったのか、理由（解題）を添えることを忘れずに！

▼第五章の概要【あなたと私、ライフヒストリーのデザイナーになってみませんか】

「Education／教育」のリハビリとは、私とあなたの日々の学びや暮らし・仕事の中にあります。家庭や学校・大学、地域・NPO法人・企業や行政などの大きな組織をリハビリするのではなく、そこにいるこどもとおとな、後輩と先輩、児童生徒と先生、学生と教授、研修の受講者と主催者との関係性の中でリハビリが行われるかどうかです。かつてこどもだった親が、かつて後輩だった先輩が、かつて児童生徒だった先生が、かつて学生だった教授が、かつて受講者だった主催者が、学びや暮らし、仕事し続けてきた自分のライフヒストリーを、これから先をどう切り拓くか、未知－未来のヒストリーからデザインし、現在・過去へとさかのぼりデザインしてみる。そして、今ここ現在に舞い戻り、自分のライフヒストリーを描くとても長くて大きなリフレクションを試みることです。「自分史」を描くなんて大変だと思うかもしれませんが、二十分から三十分程度で描ける「ライフヒストリーデザイン曼荼羅（シート）」がありますので、ご安心を。

以上、第Ⅱ部の全章を「鳥の眼」で観てみました。ぜひ、読み進めていきましょう。さらに各章を「虫の眼」やときの流れをよむ「魚の眼」でじっくり・ゆっくり・うっとり、「じ・

聴く　Therapyの語源の意味

ゆ・う」にお読みいただくことができたらうれしいです。

私は、かつて脊柱管狭窄症という病気にかかり、外科医の先生に診ていただき、その診察をもとに理学療法士（フィジカル・セラピスト）の川添聖太《しょうた》さんにリハビリの仕方を丁寧に教えていただいたことがあります。川添さんは、私の身体のリハビリをしてくださったのではなく、私が自らリハビリをしたくなるようなやる気や根気など気持ちを呼び起こし引き出してくださり、まさにEducationの新訳「涵養成る／化育成ること」の大切さに気づかせてくださいました。川添さんは、まさに引き出し養う師匠「Educator」でした。

また、川添さんから、「therapyの語源はギリシャ語で『仲間・共に歩むもの』という意味からきているそうで、私はリハビリとは『共に歩み共に築く・気づく（ときには気づきを与え、与えられる）関係づくり』と捉えています」とうかがいました。そのときの対話について、私は、Lecture RADIO（2020.12.26）「理学療法士K先生とある学校の先生からのおたより：Therapyの語源の意味」で具体的に語っています。主題の「理学療法士K先生とある学校の先生からのおたより」で検索すると、トップヒットしますので、十分五十四秒の放送をお聴きになることができます。

また、この本を書き進める中で、川添さんとこのエピソードの掲載について、お電話でお話したところ、とても興味深いことを言っておられました。「私は、むしろ成田さんとの対話の中でとても興味深いことを学びました。それは、逆‐啐啄同時という考え方です。眼から鱗でした。旧い卵の殻の中に親鳥（おとな）がいて、それを殻の外から雛（こどもたち）がつつき、親鳥（おとな）が新たに生まれ出づるという発想があり得るということです」と。まさに、旧訳「教育」のもとで永く続いてきた「主」と「客」の関係性ではないもう一つの選択肢の可能性に気づかれたのかもしれません。「啐啄同時・逆‐啐啄同時」の話は、すでに第Ⅰ部でも触れましたが、詳しくは第Ⅱ章一〇六頁に出てきますので、ご興味がおありの方はご覧ください。

第Ⅱ部の各章は、学校の生徒や先生、大学の学生や先生向けに書き始めた内容が多いですが、そこに書かれたことをご自分の学びや暮らし・仕事だったらこういうことかななどと、「翻訳し直し」ながら、お読みいただけるとうれしいです。もちろん、繰り返しいいますが、「離脱の自由」はあります。ご無理だったら、読み飛ばしてくださってもＯＫです。ページだけはめくり続けてみてくださいね。

第II部

第一章

「始めに問いありき」でいきませんか

ある中学校での試みをヒントに

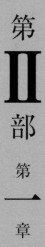

【「始めに問いありき」でいきませんか】

学びや暮らし・仕事でも常にある「ねらい」とか「目標」を問いのかたちにしてみたり、問いの探求をしたりしながら、その問いへの応答をめざすことです。

もし、ねらいが想定されていない学びや暮らし、仕事だったとしたら、ねらいとなるだろう問いを探しながらことにあたってみましょう。問いが見つかったら、その問いに応答してゆくことが学びや暮らし、仕事につながってゆくはずです。

(1) なぜ、ねらいを問いのかたちに？

「ねらいを問いのかたちに」と聴いて、①「何、それ、なんか面白そう！」、試してみようかなと思い、実際、試みられる方、②「ねらいはねらいだ、わざわざ問いになんかする必要なんかない」と本章をスルーされる方、③「なぜ、何、どうして？」と思って、その理由や訳（わけ）を知ってからでないと試みられない方がおられるのではないでしょうか。
①の方は、本章を読まずに試みてみてほしいと思っています。あなたの現場やフィールドでその「ねらいを問いのかたちに」する意味を見い出すか否か、ご自分で確かめていっ

てほしいからです。

また、②の頭から「ねらいはねらいだ」と従来通りの実践をお続けになろうとされる方はそうなさっていってください。反対はしません。ただし、従来通りの「ねらい」をもとになさった実践のはじめ・なか・おわりでリフレクション（省察）はなさっていってください。それも目の前の学び手と、そのリフレクション（省察）を学び手でもあるあなたご自身が読み、リフレクション（省察）をなさっていってください。【第三章へジャンプ】

本章では、③「なぜ、何、どうして？」と思って、その理由や訳を知ってからでないと試みられない方に語っていこうと思います。ねらいとは、一般に「弓や鉄砲などで、目標に当てようとねらうこと」とされ、類語として「目的・目当て・狙い所・つけめ・あてど・意味・意図・理由・動機・趣意・主意・真意・訳・目標・目安・目途・的・方向・対象・矛先・当たり・標的・ターゲット」などが挙げられます。何者かが定めた目視確認できる「標的」などに向かって弓や鉄砲を放つ行為に不可欠な言葉です。しかし、「ねらい」には、「意味」「意図」「理由」「動機」「真意」「訳」など、容易に目視確認できない言葉をも含まれています。何者かが定めた「標的」の背景や周縁には、それを定めた「意味」「意図」「理由」「動機」「真意」「訳」が隠されていることが多々あります。

例えば、教師が定めた「ねらい」—目視確認できる「標的」—に向かって学び手たちがリニア（直線的）に学び向かい、その「標的」を射抜いたか否かで評価されます。目視確認できる「標的」の背景や周縁にある「意味」「意図」「理由」「動機」「真意」「訳」に気づくことなく、脇目も振らず学ぶことは、そのプロセスで出会う「学び」の文脈の豊さや「標的」を越えた「学び」の可能性を損ねていたのではないでしょうか。

これまで多くの教師や指導者が、目視確認できる「標的」を黒板に書き示すことで合理的目的的な教授行為として推奨・指導されてきたのではないでしょうか。今もどこそこでそうした教授行為が推奨・指導され続けているのではないでしょうか。

よかれと思い思われてきたその教授行為、たかが「ねらい」ですが、明示し与え与えられる行為の累積によって、かつての学び手がその教授行為のスタイルを学び、次世代への教え手となってその行為を繰り返し伝えてきたのではないでしょうか。果たしてそれでいいのでしょうか。そのままでいいのでしょうか。例えば、あの三・一一東日本大震災・原発事故以来続く「緊急事態」をはじめ、現下の新型コロナウイルス感染症のパンデミックによる「緊急事態」、「ロシア・ウクライナ」危機における「戦争と平和」をめぐる地球規模の差し迫った課題、人類だけではなく地球上のあらゆる生物の存亡にかかわるといわれる気候変動問題など、持続不可能か可能かせめぎ合うたくさんの課題を前に、教師や指導者の定めた「標的」に学び向かわせるだけの教授行為の継承と累積で、持続可能性が保証された国家・社会、地域や家庭、自分自身の創り手は育ってゆくのでしょうか。

学ぶ「意味」「意図」「理由」「動機」「真意」「訳」を自ら探り学ぶことなしには、なし得ないのではないでしょうか。二〇二二年五月一日に他界した元サッカー日本代表監督・イヴィチャ・オシムさんは、こんな言葉を残しました。

「この世界基準があっても日本は誰かのまねをしないほうがいい。他の国にももっていないものがある。俊敏性、積極的な攻撃、高い技術。でも教育の段階から自由に判断することを許されていない」(傍線は成田)という言葉に注目してみませんか。サッカーの世界だけのことではないのではないでしょうか。ある意味、教師や指導者が定めた「標的」に向かって一途に向かい走り、走らされてきた一五〇年の結果をオシムさんは見抜いたのだといっても過言ではないのかもしれません。

「年齢・性別・障がい・人種にかかわりなく、誰もが、いつでも、どこでもサッカーやスポーツをできるようにしよう!」と「草の根の、根元からのみんなのための」グラスルーツ・コーディネーターをされている猪俣孝一郎さんは、「日本の教育は自由な判断を許されていない…本当に突き刺さる言葉だった。判断を許容することが大人のつとめ。決断の先に経験がある。そういったことが身に染みる言葉でした」とご自身のブログ「オシムさんから学ぶサッカーコーチの役割」（二〇二二年五月六日）の中で語られています。また、『オシムからの旅（よりみちパン！セ）』（二〇〇〇年、理論社）をはじめ、オシムさんのライフヒストリーの中に潜む言葉や同時代史を追いかけられ多数の著書を出されてきたジャーナリストの木村元彦《ゆきひこ》さんから直接うかがった話ですが、オシムさんは傍線部にあるようなことは、多々、語っており、「私も耳にタコができるほど聞いていました」とのことです。少し横道にそれましたが、では、どうすればいいのでしょうか。今、国や地方公共団体・学校・学年・学級などをリニアに貫かれるキーワード「主体的」「対話的（協働的）」「深い学び」が示され、多くの解説書も出されています。これらのキーワードに異を唱えるつもりはありません。しかし、その「標的」が示され、それをめざし教師・指導者は学び手を「標的」に向かうレールにいかに乗せようか、試行錯誤を繰り返してはいませんか。

むしろ、学び手がいるその現場やフィールドで、「ねらいを与える」のではなく、まずは「問いかける」ところから始めることで、自ら「主体的」「対話的（協働的）」「深い学び」に向かう土壌を耕すことになるのではないでしょうか。【第三章へジャンプ】

読み・聴く　ねらいを問いのかたちに
こと（仕事や単元）のはじめにねらいを問いのかたちに：その学びのねらいを超えてつながる「本質的な問い」の重要性へ

(2) 与え出す「問い」から気づき引き出す「問い」へ

教師や指導者から学び手に向かって「問い」が発せられます。それを現場ではしばしば「発問」といわれてきました。教師や指導者はその「解」を知っていて、学び手の「知識」や「理解」の度合いを確かめたり、学びを促したりするために援用されてきました。かつてよく「授業研究」は「発問」に始まり「発問」に終わるものだといわれたものです。今もgoogleで「発問」を検索すると、一二三万件、「発問研究」では三〇一万件（二〇二二年五月六日取得）ヒットします。しかし、学び手からすると、「発問」は教師や指導者が与え出すもの、あらかじめ「正解」か「不正解」が決められているものです。この場合の「発問」の多くは、本時に関する「内容質問（content question）」です。

これに対して、本時を含むまとまりのある展開過程「単元」を貫く「単元質問（unit question）」があり、さらに、他の単元や教科、領域などにつながり越える永続的な理解や思考をもたらす「本質的な問い（essential questions）」があります。

教師や指導者から与え出される「内容質問」や「単元質問」、さらに「本質的な問い」に応答するだけのリニア（直線的）な「問い」ではなく、学び手が自ら主体的に「問い」を探し出し、「応答」に向かう学びをしてゆくための初発のステップとして、「ねらいを問いのかたちに」してみるとどうなるのでしょうか。私から「ねらいを問いのかたちに」への呼びかけを受けて、それを試みた練馬区立中村中学校の社会科教諭・佐藤謙次さんがいました。佐藤さんは、生徒たちに従来通りの「ねらい（標的）」を示した単元と、そうではなく「ねらいを問いのかたちに」した単元で実践を試みたのです。そして、その試みを終えたあと、生徒たちにアンケートをとり、その結果の分析をされました。

すると、左記のような結果が得られました。

①「ねらいを問いのかたちに書くことで学習に対する意識や理解は変わったか」という質問に対して、七五・三％の生徒たちが「はい」と答え、②「単元の問いを設定し、毎時間の授業と単元を行うことで、学習に対する意識や理解は変わったか」という質問に対して、八四・二％の生徒たちが「はい」と答えました。

自由記述を読むと、以下のような記述がみられました。

・疑問形だから、考えさせられることが多くなった。「理解しよう」だと理解したら終わりだけど「だろうか？」になると、色々なことを考えるので、変わったと思います。

・その問いに対する答えを授業の中から探す、見つける感じになるので、重要なところが問いと共に入ってきて、より理解できたと思う。

・問題の答えを自分でしっかり考えるようになった。授業の始めに予想もするようになった。

・今までの疑問形じゃないやつだと「理解しよう」で終わっていたからあまり自分で考えていなかったけど、疑問形にすることで、自分で考える場面が増えて考えを深めることができた。

・疑問形であることで、自分なりの答えを考えようといった気持ちになった。ノートを見返した時にも自分に問いかけられているから問いについて考えるようになったと思う。

・問いがあるおかげで目標ができ勉強しやすくなった。

以上、学び手は、「ねらいを問いのかたちに」したことでより自分ごととして学びに向かっていった様子がみられました。最後の記述をみると、教師・指導者が掲げた「ねらい（目標）」は学び手にとっては「ねらい（目標）」になっていなかったといえるのではないでしょうか。佐藤さんのお話では、教科書などにある「主題」や既成の「問い」をそのまま「問い」として学び手に提示するのではなく、学び手の実態や実情をよくみてつくった「問い」だとのことです。ここはとても重要なポイントで、既成の「問い」自体を問い、いかなる「問い」を投げかけたら、目の前の学び手のフック（¿）にかかるか、いろいろ試みてゆくプロセスが重要でしょう。可能ならば、学びの当事者全体に投げかける前に、学びの当事者の意見を聴き「ねらいを問いのかたちに」していきたいものです。

この佐藤さんの試みが、校内研究推進部の目にとまり、全校全教科で試みてみようということになりました。年度前から校長先生・副校長先生のもとで研究推進部が決めたことだからと、そのまま突き進むのではなく、一教諭の佐藤さんの試みを受け止めすくい上げ、年度当初の計画をリデザインしてゆく姿に感銘を受けたものです。

生徒の「声」に耳を傾けていった佐藤さん、佐藤さんの「試み」に可能性を見い出し、計画をリデザインしてゆく研究推進部、そして、その試みを各教室、各教科・領域の先生方がさらに「試みる」、そうした「生徒」「佐藤教諭」「研究推進部」「全教職員」の「声」や「問いかけ」「試み」「計画のリデザイン」「実践」を知と心と身体の全体で受け止め、ことの「責任（応答 Responsibility）」をもたれた校長・大石光宏さんのマネジメントを含め、中村中学校のみなさんへの「敬意（respect）」を感じずにはいられませんでした。

全校で「ねらいを問いのかたちに」してゆくとどうでしょう。各教科での学びやF組（Special Needs Education 学級）の学び手に変化が出てきました。最も大きな変化が起こってきたのは、佐藤さんの社会科でした。「ねらいを問いのかたちに」して与えられた「問い」

でしたが、学びの広がりや深まりが生まれ、自ら新たな「問い」に気づいたり、発見したりしていきました。

「ガンディーの考えはどこから生まれたのか」「終戦後の日本の立場、考え方はどう変わったのか」「五・四運動、三・一運動での世界の反応、中国・朝鮮の民間人の考え方に変化はあったのか」「レーニンとはいったい誰なのか」「反日運動で起きたことをもっと詳しく知りたくなった」「戦争をすることで身体だけではなく、心に傷をのこしてしまうので、ベトナム戦争だけではなく、プラハの春、中東戦争などの冷戦について調べていきたい。また、その戦争はなぜ起きてしまったのかも考えながらこれからの世界について深く考えていけたらいいと思った」

「ねらいを問いのかたちに」を試みてこられた結果、学び手たちは、「問われる」だけではなく、自ら「問い」を探し求めてゆく、まさに「主体的な学び」「深い学び」に向かい始めているのではないでしょうか。教科での学びからさらに「探究的な学び」に向かってゆく予感すらします。そして大切なことは、与えられた「ねらい」に準拠したベタな「振り返り」などではなく、「ねらいを問いのかたちに」したことで新たな「問い」すらも引

聴く　水の思想・川の組織論
創作叙事詩「川下にいる者」：水の思想・川の組織論の創成

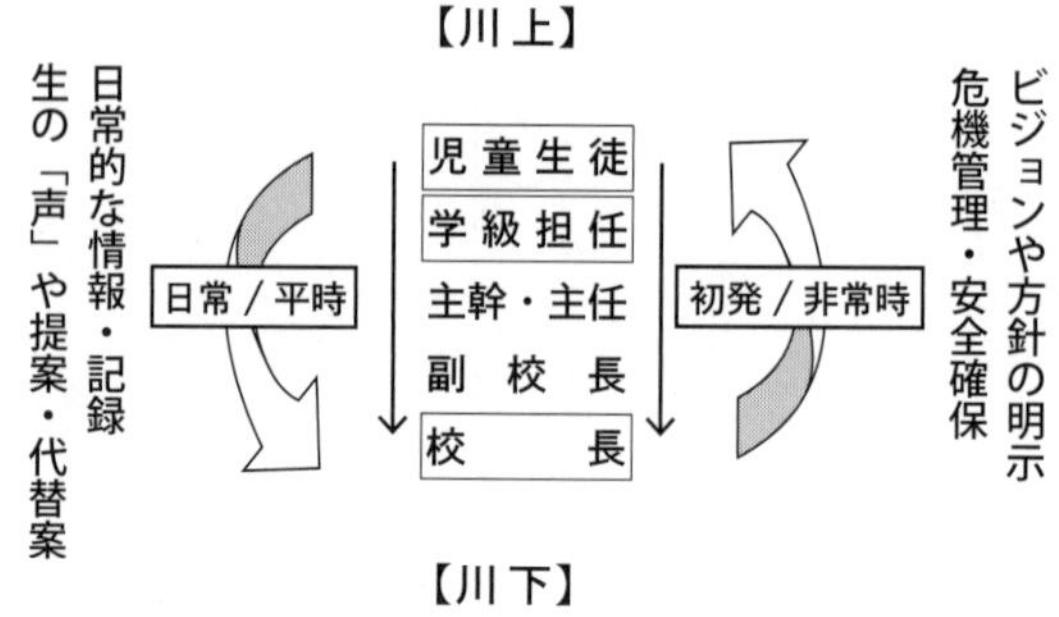

図　「水の思想・川の組織論」の構造―学校組織の場合
成田作成（2012）

き出す「リフレクション（これからを見通すための問い直しへと反射・反響・反映）」をされてきたことも忘れてはならないでしょう。

中村中学校は、当初ＥＳＤ／ＳＤＧｓのための実践研究として「リフレクション」と「ファシリテーション」を中心課題にしていましたが、研究‐実践の展開過程で「ねらいを問いのかたちに」して実践を試みていかれました。紙幅の関係でその研究‐実践のすべてを語る余裕はありませんが、「ねらいを問いのかたちに」した実践とこれからを見通すために行う「リフレクション」とが「問いかけ‐応答」関係のもと、学び手がより深く学びの対象と対話し、これからの自己とこれまでの自己との対話を引き出し養うために、「教師・指導者」たる自己を「リフレクション」し「ファシリテーター」になろうとす

図　持続可能な未来の希望のための教材活用概念図(1)
（成田創案．ACCU,2009）

る学びを、「学び手」と並び進みながら研究‐実践をしてこられました。佐藤さんの社会科だけではなく、各教科やF組の学び手たちの「リフレクション」から、その果実（結果）を取り上げておきたいと思います。

【国語】壁に残された伝言（記録文）原爆が投下された日についてくわしく知りたい。理由は、「あの日」を忘れないため。

【保健体育】水泳　たくさん泳いで努力しているというところも確かに上達するポイントだけど、やはりアドバイスが一番のポイントだと思った。先生のアドバイスのおかげで上達している人を間近でたくさん見てきたので、改めて大事だなと思った。中学生は小学生に比べて成長スピードがはやいので、自分も気付いたことはなるべくア

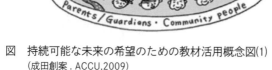

ドバイスしていきたいとおもった。

【美術】「発展による代償」をもっと表すために資源の枯渇を示すモチーフを入れてみる。本棚は平面すぎるからもっと立体的に。「自分の成長」を示す役割を果たしている木だから花に埋め込まれているように表現する。細部まで模様を大切にし、はっきりした絵にする。どこかを黒くしてメリハリのある絵を目指し、その他のところは濃度を調節しながら描く。

【道徳】（F組：Special Needs Education 学級）SDGs10 日本は宗教にやさしいのか、宗教と多様性日本で海外の文化がことなりきょうみをもてました。これからもどんどん知っていき、人や国の不平をなくしていきたいです。SDGs17「F組ルールを作ろう」F組ルール：パートナーシップで目標を達成しよう。これから教室を使わない時はでんきを消すようにしたいです。


「ねらいを問いのかたちに」する実践は始まったばかり、その実践の有効性が検証されたものではありませんが、ぜひ、試みてみませんか。合わせて意味ある「リフレクション」の試みと「ファシリテーター」としてのあなたになる可能性を「問い」続けていきましょう。

(3) 永続的な理解と思考をもたらす問いの意味

「ねらいを問いのかたちに」した実践を行うと、目の前の学び手と教師・指導者自身の学びに変化が起こる可能性（question）があるのではないでしょうか。

私は、中村中学校の佐藤さんやその所属校をはじめ、多くのフィールド―「公立・国立のＳＤＧｓの実践校のほか、学校法人自由学園・東京賢治シュタイナー学校・児童自立支援施設「埼玉学園」などつながりかかわる「現場」―を訪れ、ひと・もの・ことと出会う・観る・聴く・対話する・共に在る・感じる・考える・書物をひもとき、記す（書字文化記録・口承文化記録・アート表現記録など）「エスノグラフィー（越境する問いと気づきと学びを記録する文化誌／民族誌 Ethnography）」を書き語り表現してきました。その記録（Field Notes）をもとに、「ねらいを問いのかたちに」する意味を予察してみました。

【仮説的な問い】

①学び手（こどもやおとな）にとって、学びがより自分ごとになるのではないか。

②学び手が新たな問いを発見したり、相互に交流したり「リフレクション」の質に変化が出てくるのではないか。

③学び手であるおとな（教師・指導者）が学び手の内面からの「リフレクション」を通して、今までとは異なる見方・考え方・感じ方・在り方などに気づくのではないか。

聴く・読む・観る　「創作叙事詩「COVID-19 Pandemic 下のESDを探る―学びの創発への気づき―」と解題」

④単に問う問われる関係性の中にあった「問い」が、それを超えて「永続的な理解と思考をもたらす問い」への気づきが生まれるのではないか。（二〇二一年十一月十七日生成）

これまで私は、長期に渡ってESD／SDGs実践校の学び手と教師・指導者やファシリテーターに並び進んできました。当初は指導・助言者として、あるときは援助・支援者として、そして、とりわけ自由学園での四年間において、「強み」や「弱み」を分析（SWOT）するのではなく、「よさ」と「問い」を相互に探求し合うこと（「GIOQ探Q」）を通して、自らが「並進者（Mutual translator）」であることに気づいていきました。

いろいろな文脈、多様なフィールドにおいて「探求（探Q・愛Q・レスQ、生Q）」を経て、研究－実践者的直観として、ESD／SDGsカリキュラムデザインにおいて「永続的な理解と思考をもたらす問い（本質的な問い essential questions）」は不可欠であると、ここかしこで言い続けてきました。

①生命、環境・経済・社会、文化の持続可能性を考えることができる学習財・実践・持続可能性を妨げる様々な課題への取り組み、課題間のつながりの発見。

・環境、平和、人権、経済、資源・エネルギー、災害、健康・安全、文化、情報、犯罪・ハラスメント等と私たちとのつながり。
②子どもたちと教師・保護者・地域の人々等をつなぐことができる学習財・実践
・地域に暮らす様々な人々とのつながりとその持続継承性。
③子どもたちと異なる時代や世代間の対話と交流をつくることができる学習財・実践
・時間軸を超えたつながり。自らの学びの履歴やライフヒストリーとのかかわり。
・過去とは現在の記憶・記録であり、未来とは現在の期待・希望であること。
④ここ（学校・地域）と他の地域や世界との対話をつくることができる学習財・実践
・空間軸を超えたつながりと多文化間コミュニケーションへの模索。
⑤《本質的で根源的な問い》を愛し、抱くことができる学習財・実践
・たとえば、「生命とは何か」「環境とは何か」「生きるとは何か」「人権とは何か」「平和とは何か」「安全とは何か」「歴史とは何か」「文化の多様性とは何か」「豊かさとは何か」「幸せとは何か」等、子どももおとなも共に抱き続けられる「問い」の発見とつながり。
⑥《本質的で根源的な問い》への回答を探すための多様な情報収集・活用、社会参画
・行動を引き出すことができる学習財・実践。
・直接対話・インタビュー、学校図書館やＩＣＴ等メディアの活用と知の再構成。

補論　ＥＳＤ教材・実践に通底する６つのアプローチ（pdf）

・生活者市民・行政市民・企業市民・ＮＰＯ／ＮＧＯ市民・教育研究者市民とのつながり、「協働Coproduction」による社会参画・行動。

・実社会の中で《本質的で根源的な問い》を生き続けるということ。

これは、『ＥＳＤ教材活用ガイド―持続可能な未来への希望―』（ユネスコ・アジア文化センター、二〇〇九年）に、私が書いた「補論 ＥＳＤ教材・実践に通底する六つのアプローチ」（一〇八頁）を参考にしました。上のＱＲコードから、冊子全体がダウンロードできます。

大学・大学院などでは、比較的Grant J. Wigginsさんと Jay McTigheさん（二〇〇五／二〇一二 西岡加名恵さん訳）の『理解をもたらすカリキュラム設計』の理論を読んでおられる方が多く、さほど説明を要さないことが多かったのですが、いざ学校現場というフィールドではなかなか「理解」が得られませんでした。「本質的な問い（essential questions：以下、ＥＱｓ）」という直訳を「本質的で根源的な問い」と言い換えたり、「永続的な理解や思考をもたらす問い」と置き換えたりしながら、ときに具体例を示しながら問いかけたりしてきましたが、「理解」に向かっていくことは難しかったようです。

二〇一〇年から最も長く十一年にわたり並び進んできた所沢市ＥＳＤ調査研究協議会に

集う教諭・教頭・校長・指導主事の方々と「ESD（持続可能な開発のための教育）とはいったい何か」、「今、目の前にある実践をどうすれば、ESDの授業実践になるのか」という「問い」のもとに、「カリキュラムデザイン」「研究授業」「リフレクション」を重ねてきたにもかかわらず、「永続的な理解と思考をもたらす問い」を引き出し、カリキュラムデザインすることはなかなか困難なことでした。

確かに、「EQs」などなくても学習指導要領や教科書があるので、「授業」実践は可能です。ユネスコスクールが一校もない所沢市の小・中学校の先生方は粘り強く研究－実践を続けてきました。その成果は、所沢市ESD調査研究協議会編・成田喜一郎監修（二〇二二）『¿ESDで未来への学びを創る?：所沢のESD、十一年のあゆみから生まれた三つの手立て』（所沢市立教育センター）という電子書籍にまとめられました。

その三つの手立てとは、①「いかなる「つながりへの気づき（EQs）」がもたらされた／されるのか? ②いったい「永続的な問い（essential questions）」とは何か、いかなる意味があった／あるのか? ③単なる付け足しではなく、「学び」としての「深いふりかえり（Reflection & Contemplation）」がなされた／なされるのか?」という3つの「問い」でした。特に②の「永続的な問い」は、長い研究－実践を経て、所沢市の先生方が「essential questions 本質的な問い」という英語や直訳・言い換えではなく、これだったら「理解」できそうだといわれたことから生まれてきた言葉です。十一年間、互いに並進（Mutual translation）してきた結果として、貴重な「果実」ではありましたが、私が並進しなくても、先生方が目の前の学び手たちと実践を自律に重ねてゆくことで、「永続的な理解と思考をもたらす問い（ＥＱｓ）」が生成され、相互に理解をもたらす方法はないか、と思索・哲学を重ね到達した方法が「ねらいを問いのかたちに」だったのです。繰り返しになりますが、これは量的研究などを経ていない、否、むしろ経ずしてフィールド（現場）における学び手と教師・指導者（ファシリテーター）との関係性の中で「リフレクション」を通して意味づけられてゆくプロセスに意味があるのではないでしょうか。もちろん、仮説検証型の研究 - 実践をなさる方がおられるのならば、大いに歓迎いたします。

(4)「逆 - 啐啄同時」への気づきをもたらす学び手たちからの「問いかけ」

「ねらいを問いのかたちに」した実践を試みた教師・指導者が、今までとは異なる学びをしていくことがしばしばあります。教師・指導者は、学習指導要領・教科書と、教師・指導者自身による「教材」研究と自らの実践知をもとにその単元・本時の「ねらい（標的）」

を定め、それを達成するための「指導計画（レール）」を敷き、学び手をいかに合理的目的に向かわせることができるのか、「指導内容」の精選、「指導方略・方法」や「指導技術」、「指導と評価の一体性」のため研究と修養に多くの時間を費やしてきました。「授業」という漢字二字の言葉が示すように、教師・指導者の文脈（教師・指導者が学び手に業を授ける意味）に依存するかたちで日々の実践が続いています。

そこにやれ「主体的・対話的で深い学び（active learning）」だ、「生きて働く知識・技能の習得」だ、「未知の状況にも対応できる思考力・判断力・表現力等の育成」だ、「学びを人生や社会に生かそうとする学びに向かう力・人間性等の涵養」だ、「知識・理解」「思考力・判断力・表現力等」「主体的に学習に取り組む態度」の三観点での評価だ、さらに「学習者のエージェンシーの育成」だと、矢継ぎ早に「天」からたくさんの「矢」が雨のごとく降ってきています。これらの矢は、これからも降り注ぎ、「矢」に終わりはないのではないでしょうか。私は、「天」から降り注ぐ「矢」は、「天」に集う有識者・研究者・行政官など「賢人」たちが大いなる世界の「現実」を俯瞰し、峻別した意味も訳（わけ）もある「矢」であり、決して無益なものだとは思いません。

しかし、「天」から降り注ぐ「矢」は、ここかしこの学び手と教師・指導者（ファシリテーター）がいる現場やフィールドという小さなサイズの「現実」に、そのままストレートに「矢」を放ってことたれりとされるものかどうか、思案のしどころではないでしょうか。少なくとも目の前の学び手に最も必要な「矢」は何か、その現場やフィールドでいかなる意味をもつのか、クリティカル―分岐点に立って複数の選択肢を広げてゆくポジティブーに受け止めてゆくべきではないかと考えています。

最近、クリティカルな思考（critical thinking）を「批判的思考」と訳さず、「吟味思考」と訳す書籍も登場しています。ちなみに、坂本旬さんと山脇岳志さんの共編著『メディアリテラシー：吟味思考（クリティカルシンキング）を育む』（時事通信社、二〇二二年）は、学校や大学の関係者だけではなく、多様なメディアに触れる企業市民・行政市民・地域の生活者市民の方々と読み合いたい書籍です。

さて、古くから語られてきた「思考力・判断力・表現力等」という概念ですが、多くの方々は、「等」が見落とされ、伝達・理解されてゆくことが常でした。今もその傾向は続いてはいませんでしょうか。「等」が切り取られた「思考力・判断力・表現力」という「矢」だけがフィールド（現場）に降り注ぎます。原文（学習指導要領）にあった「等」は何を意味していたのでしょうか。それは、あなた自身とあなたの学び手たちにとって、「思考力・判断力・表現力」と並ぶか、それ以上に切実で必要な力や資質を意味しています。「等」に相当するものは何かを「吟味」することなしに、「天」から直接降り注いだ「矢」のみを受け止めていていいのでしょうか。「天」から降り注ぐ「矢」を受け止める前に、あなた（教師・指導者等）自身とあなたの学び手をどれだけ「理解」しているのかという「問い」の「矢」を自ら向け、受けてゆく必要があるのではないでしょうか。具体的にどうすればいいのかは、第四章の「見通しのための問い直し（Reflection & Contemplation）」で扱っていますので、ぜひ、ご参照ください。

ここでは、「ねらいを問いのかたちに」した実践事例や、学び手と教師や指導者の「リフレクション」を引き出していったエピソードをご紹介します。

【杉並区立西田小学校のエピソード】（ユネスコスクール）

西田小学校は、地道にＥＳＤ／ＳＤＧｓの実践をなさってきた学校です。特に年度末に全校をあげて行われる「子ども報告会」は、一年間のＥＳＤ／ＳＤＧｓの学びの「果実」と明日への「種」を共有する場で、学び手同士はもちろん、保護者や地域の方々、教職員の方々にとっても期待が高まるとても重要な行事となっています。その「果実」や「種」を生み出すプロセスに学び手も先生方も多くの時間を割いてきました。ただでさえ多忙・多忙感に包まれる学校です。

先生方は、子ども報告会に向かう時間を確保したいと考え、今まで行ってきた「学芸発表会」を精選してはどうかと議論していました。そんなとき、ちょうど「学芸発表会」で演劇を行うことになっていた五年生のこどもたちが担任の先生のところにやってきてこんなことを言い出しました。「ねえ、先生。今年、私たちは演劇するんですよね。だったら、今年、四月からずっと、総合で環境をテーマに学んできましたよね、環境をテーマに劇を作りませんか」と。担任の濱元雅俊先生は、こどもたちの言葉にびっくり、職員室では学芸発表会の精選の話題が出ていたころでしたが、こどもたちの「問いかけ」に応じて彼はこどもたちと環境の学びをもとに「キコエル」という台本を作り、劇にしていきました。また、一年間「平和」をテーマに学んできた六年生は、台本づくりも演出・演技も自分たちで行い、「時をツナグ：世界中の笑顔を永遠に」という劇を上演していきました。そのとき、舞台の袖では担任先生方は涙を流しておられました。先生方が「教師・指導者」としての文脈で物事を考えていたとき、学び手は先生方が予想もしていなかった「問いかけ」と自ら「応答」としての学びを進めていきました。

【大田区立大森第六中学校のエピソード】（ユネスコスクール）

大森第六中学校は、校長が変わっても教職員が異動しても地域に根差し、世界とつながるＥＳＤ

／ＳＤＧｓの実践を続けてきました。そこで、こどもたちが成長し学年を超えて学びが継承され、また、先生方も教科や世代を超えた自律的な研修を続けてきました。三年間学び続けてきた中学三年生が、全校生徒に呼びかけ、これまでの学びを踏まえてＳＤＧｓの十八番目を作ろうと発案しました。全校生徒から新しい「ゴール案」を集め、全校投票した結果、「すべてのひとに愛を」という目標を決め、また、全校生徒からロゴ・アイコンのデザインを募集していきました。そのあと、後輩たちは、十九番目・二十番目のゴールとロゴ・アイコンを作っていきました。

これらのエピソードは、先生方の定めたねらいやプランを超えて児童生徒たちが学びを広げ深めていった証ではないでしょうか。この公立の小・中学校のエピソードにはいかなる意味が潜んでいるのでしょうか。この二つのエピソードに通底することは、「逆－啐啄同時」という言葉に集約されるといっても過言ではありません。一般に「啐啄同時」とは、殻の中にいるヒナが生まれ出たくて殻の内側からつ

図　生徒たちが自ら作った
ＳＤＧｓ18番目のロゴ

聴く　啐啄同時／逆 - 啐啄同時

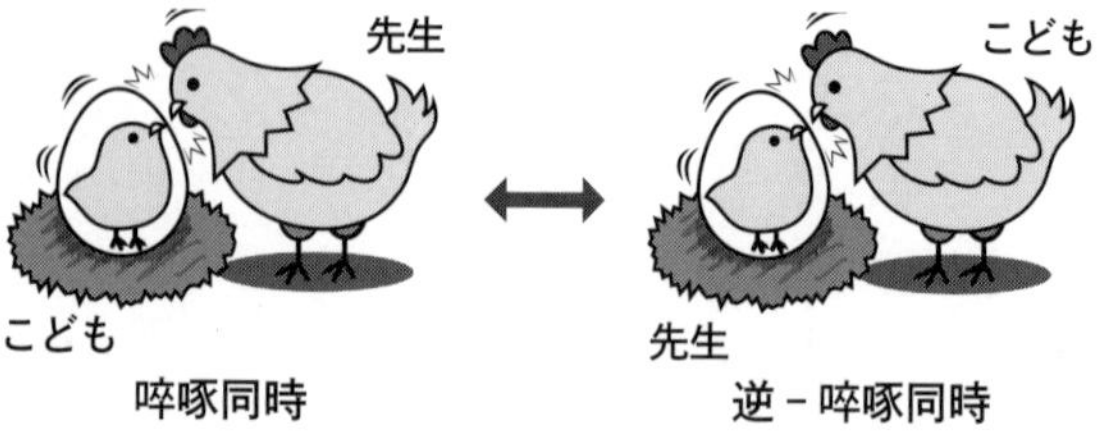

図　啐啄同時と「逆 - 啐啄同時」　成田創案

つき、それを聞いた親鳥が外側からつつくという親子や師弟の絶妙な関係性の瞬間を示す禅の言葉です。

しかし、古い殻の中にいて日々もがく「教師・指導者」に対して、殻の外側から「学び手」たちが「問いかけ」つつく。殻の中にいた「教師・指導者」が新たな問いと学びと気づきを引き出されてゆく、まさに、「逆 - 啐啄同時」というべき新たな関係性の創発（emergence; 見えない地底や海底からふっ立ってくること）を意味しているのではないでしょうか。

「ねらいを問いのかたちに」した実践は、これまで「教師・指導者等」が描いてきた学び手との直線的な上下関係性への問い直しや「天」から降り注ぐ「矢」のクリティカルな受け止め方、そして、「学び手」からの「問いかけ」に耳を澄ませ、「逆 - 啐啄同時」の創発に気づくことで、ささやかな試みになるのではないでしょうか。

第Ⅱ部

第二章

【プランは逆向きデザインで考えてみませんか】

Ａ４判１枚のシンプルな方法！

【プランは逆向きデザインで考えてみませんか】

次に、学びや暮らし・仕事をどのようにデザインしてゆくか、ということです。

ガッチリ緻密な計画（PLAN）を立て、実施・実践（DO）して、点検・評価（CHECK）し、改善（ACT）を図ってゆく、よくある方法ではなく、①で見つけた問いや探してゆく問いを中心に据え、まずは、「自分はどうなりたいのか」などゴールイメージをもって、そのゴールにつながるプロセス（未来）を逆向きに想定し、そのゴールとプロセスに向かうためのスタートライン（現在）に立つ自分と自分を取り巻く「よさ」と「問い」を確かめてみましょう。そして、これまでの学びや暮らし・仕事（過去）で収穫できた「果実（成果）」や「明日への種（課題）」の記憶や記録をもとにデザインしていきませんか。

(1) プランの逆向きデザインの方法へ

さて、第一章で「はじめに問いありき」なんて書かれても、あまりピンときませんよね。まして「ねらいを問いのかたちに」といわれても何でなのかなって思いますよね。

始めから問いを探してきたり、問いをしたりする時間があったら、さっさとねらいに向かって学びや暮らし・仕事をしていたほうがいいんじゃないのなんて思います。

スペイン語では，「¿～?」で文章を挟むと疑問文を作ることができます。

かつて私は、職場の同僚から、七夕に願いを書く短冊に「この本が刊行できますように」というように書くことが多いけれど、「この本が刊行できる！」と実際のゴールを明確に断言したほうがそのゴールを達成することができる、という話をお聴きしたことがありました。ねらいにもそのように「～ができる！」という強い言葉を定めたほうがいいという方もおられます。そうしたねらいの表し方は、「～しよう」という優しい言葉で定めるよりはいいのかもしれません。

それでも、私はあえて「この本は刊行できるか¿」という問いのかたちにしたいと思います。どうしても表記上「この本は刊行できる」と断定したい方は、その言葉の両脇に「¿～?」を付けて表記してみてください。「¿この本は刊行できる?」とすることで、一石二鳥、「この本は刊行できる」という肯定文が、疑問文になるからです。

前置きが長くなりましたが、こうした疑問文にすると、その問いのかたちにするとゴールに向かって応答するための方略・方策をデザインすることができます。

(2) e－カリキュラムデザイン曼荼羅（シート）とは何か

さて、【プランを逆向きデザイン】するために、緻密な計画書（学校であれば、「学習指導案」など）を書かずに済むシンプルな逆向きデザインシートをご紹介します。

このシートは、「e‐カリキュラムデザイン曼荼羅（シート）」といって、私が東京学芸大学の教職大学院で「カリキュラムデザイン」の研究‐実践していたときに開発したものです。これがどのようなカリキュラムデザインシートなのか、気になる方は、「e‐カリキュラムデザイン曼荼羅」という言葉で検索すると、〔「e‐カリキュラムデザイン曼荼羅」とは何か〕というサイトにトップ・ヒットしますので、サイトを開きながらご覧ください。

このシートでデザインされた実践を参観いたしました。はじめ（起）・なか1（承）・なか2（転）・おわり（結）の順で展開しますが、自由学園教諭の野村有美さんもこどもたちも中心部にある問い――永続的な理解を引き出す問い「図形って美しい？」と単元や本時を貫く問い「形を組み合わせる面白さや楽しさ、美しさを感じられるかな？」――を常に意識しながら学び進めました。実践後、こどもたちと有美さんが「何をしていたのか（Do）」「何を考えていたのか（Think）」「どんなことを感じていたのか（Feel）」「どんなことを望んでいたのか（Want）」、そしてこれまでとこれから「どのような背景や流れがあったのか（Context）」についてリフレクション（見通し問い直す）し、対話していきました。

カリキュラム（Curriculum）は、しばしば「教育課程」と訳されますが、戦後しばら

聴く・読む　実践を捉えなおす対話シートの開発

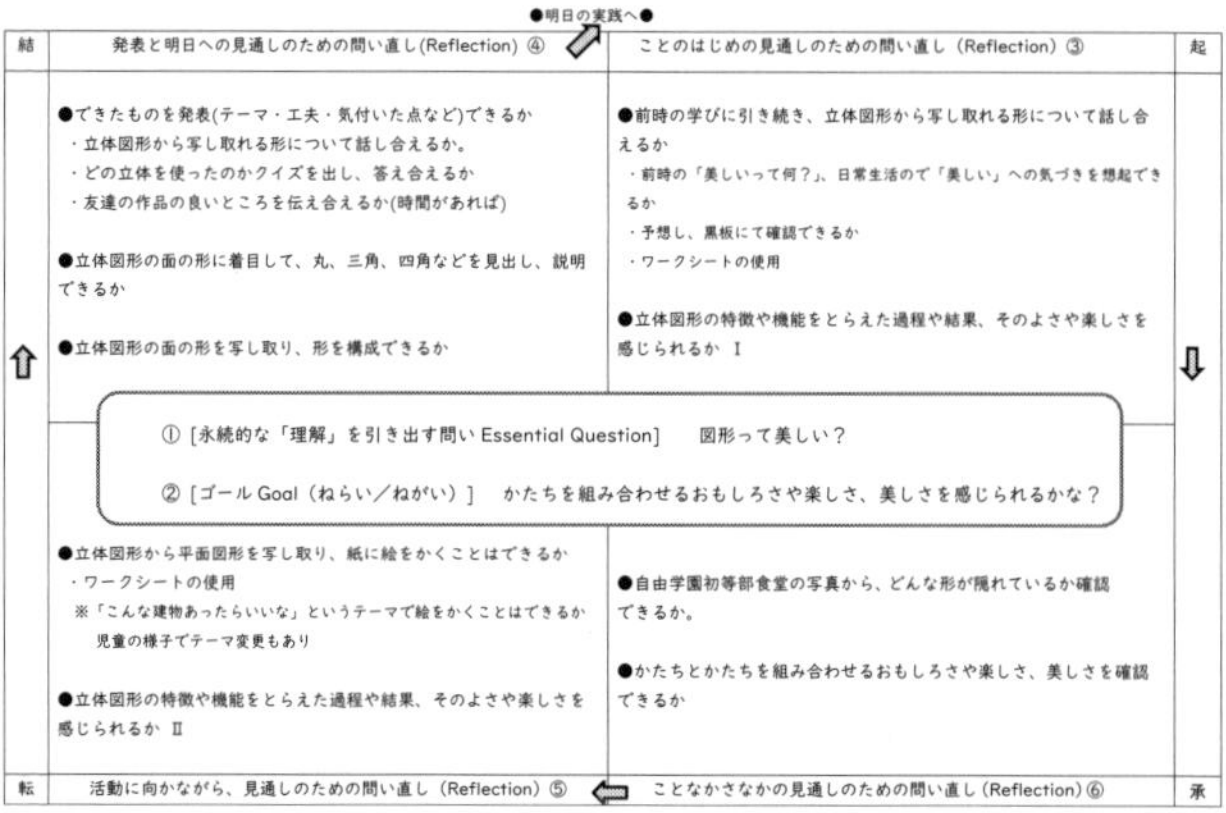
●明日の実践へ●
結
発表と明日への見通しのための問い直し(Reflection) ④
ことのはじめの見通しのための問い直し（Reflection）③
起
●できたものを発表(テーマ・工夫・気付いた点など)できるか
・立体図形から写し取れる形について話し合えるか。
・どの立体を使ったのかクイズを出し、答え合えるか
・友達の作品の良いところを伝え合えるか(時間があれば)
●立体図形の面の形に着目して、丸、三角、四角などを見出し、説明できるか
●立体図形の面の形を写し取り、形を構成できるか
●前時の学びに引き続き、立体図形から写し取れる形について話し合えるか
・前時の「美しいって何？」、日常生活ので「美しい」への気づきを想起できるか
・予想し、黒板にて確認できるか
・ワークシートの使用
●立体図形の特徴や機能をとらえた過程や結果、そのよさや楽しさを感じられるか　I
① [永続的な「理解」を引き出す問い Essential Question]　図形って美しい？
② [ゴール Goal（ねらい／ねがい）]　かたちを組み合わせるおもしろさや楽しさ、美しさを感じられるかな？
●立体図形から平面図形を写し取り、紙に絵をかくことはできるか
・ワークシートの使用
※「こんな建物あったらいいな」というテーマで絵をかくことはできるか
児童の様子でテーマ変更もあり
●立体図形の特徴や機能をとらえた過程や結果、そのよさや楽しさを感じられるか　II
●自由学園初等部食堂の写真から、どんな形が隠れているか確認できるか。
●かたちとかたちを組み合わせるおもしろさや楽しさ、美しさを確認できるか
転
活動に向かながら、見通しのための問い直し（Reflection）⑤
ことなかさなかの見通しのための問い直し（Reflection）⑥
承

図　「e - カリキュラムデザイン曼荼羅（シート）」
自由学園初等部教諭・野村有美さん作成・デジタル版

くは「教科課程」といわれ、教科における学習内容と学習活動を組織全体で計画的に編成したものでした。もともとラテン語の語源をたどると、「走る、走路、経歴」などを意味していました。今、私はカリキュラムについて、学校園や大学などの教育機関を越えて、「生涯にわたる学習」を視野に入れた意味として、次のように捉え直しています。

カリキュラム（Curriculum）は、意図されない歴史や文化（Hidden Curriculum）の上に、様々なレベルのねらいとあゆみのもと、学びと暮らし・仕事のはじめ・なか・おわりの全過程を意味しています。そして、カリキュラムとは、「乳児・幼児、児童生徒・学生・大学院生、教諭・教授、保護者・

地域住民（Inhabitants）、多種多様な生活者市民、企業市民や行政市民・医療関係者市民・アート系市民など、その学びと暮らし・仕事の履歴（Learning & Learning Histories）の総体」です。（成田二〇二三）

こうした意味において、学びと暮らし・仕事のデザインの仕方は、どのようにしたらいいか、私からの提案と呼びかけをしますので、お試しになってみてください。実際の学びや暮らし・仕事は、シートの右上から時計回りに起・承・転・結の順に展開していきますが、このe‐カリキュラムデザイン曼荼羅（シート）でカリキュラムのデザインをするとき、次頁の図を参照しながら次のような順序で進めてみてください。

①できれば「永続的な『理解』を引き出す問い（Essential Questions）」を探し、設定できるか。「図形って美しい?」（数学って美しい?）という問いはなくても本時や単元は実践できるのですが、あえて永続的な「理解」を引き出す問いを探し、設定するのでしょうか。

これは、アカデミックな世界では、「本質的な問い」と訳されますが、多くのフィールド（現場）で、この問いのお話をすると、ほとんどのみなさんはシャッターを下ろしてしまいます。「本質的?」「何か難しそう!」という声が上がります。研究者の著書などからその要約や要点をご紹介しても腑に落

聴く・読む　e-カリキュラムデザイン曼荼羅の描き方

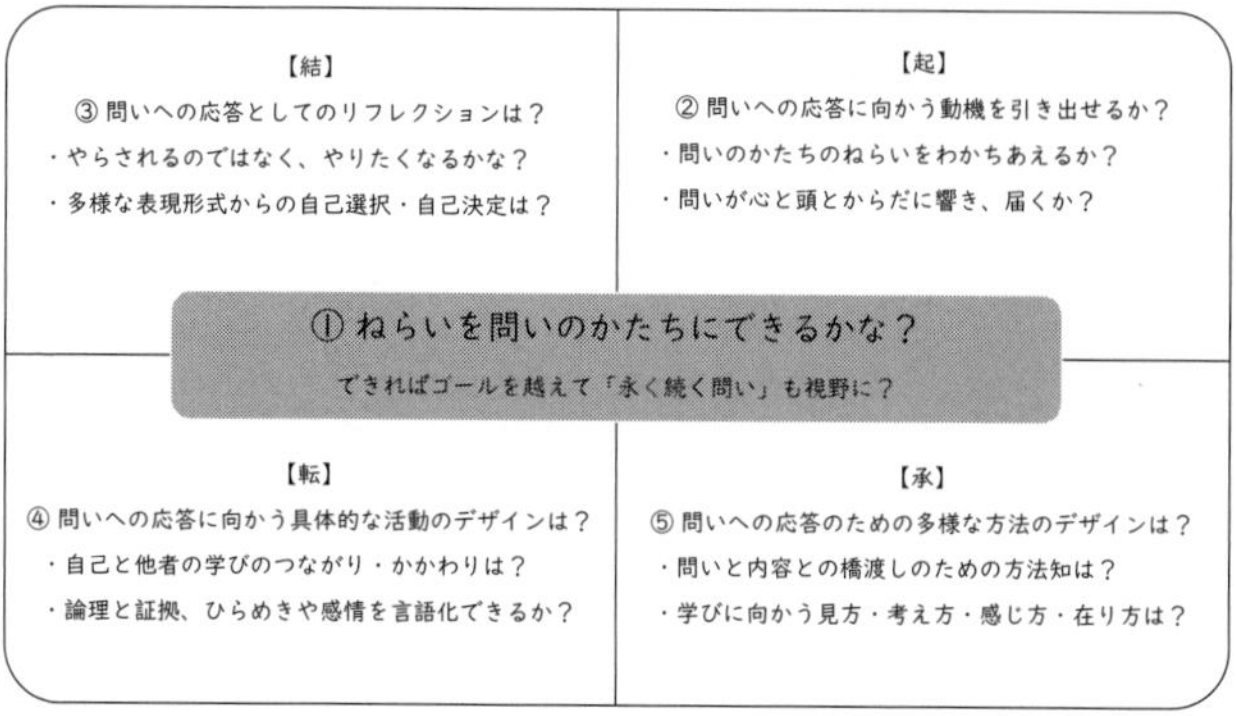
【結】
③問いへの応答としてのリフレクションは？
・やらされるのではなく、やりたくなるかな？
・多様な表現形式からの自己選択・自己決定は？
【起】
②問いへの応答に向かう動機を引き出せるか？
・問いのかたちのねらいをわかちあえるか？
・問いが心と頭とからだに響き、届くか？
①ねらいを問いのかたちにできるかな？
できればゴールを越えて「永く続く問い」も視野に？
【転】
④問いへの応答に向かう具体的な活動のデザインは？
・自己と他者の学びのつながり・かかわりは？
・論理と証拠、ひらめきや感情を言語化できるか？
【承】
⑤問いへの応答のための多様な方法のデザインは？
・問いと内容との橋渡しのための方法知は？
・学びに向かう見方・考え方・感じ方・在り方は？

図　「e-カリキュラムデザイン曼荼羅の描き方」
中野民夫創案・三田地真実考案

ちた表情が見られませんでした。それもそのはず、「本質的な問い」などなくても学びや暮らし・仕事は進められます。みなさん、学校や大学などでの「学びの履歴」にはなかったということもあります。

先に触れたように私は、所沢市の小・中学校の先生方と指導主事の方と十一年間、今ではここかしこでみる「ＳＤＧｓ（持続可能な開発目標）」に向かう「ＥＳＤ（Education for Sustainable Development）」の実践やカリキュラムデザインをどうしたらいいかについて実際に実践研究会を続けながら、試行錯誤を繰り返していきました。すると、ある日、ある先生が「本質的な問いといわれてもよくわからないけれど、本時や単元・教科などを越え貫いていく永く続く『永続的な問い』だったらわかる気がする」と発言され、研究会のメンバー一同、腑に落ちた瞬間がやってきました。以後、所沢市の研究‐実践では、「永続的な問い」という言葉でカリキュラムデザインを行っていきました。私は、所沢の先生方が腑に落ちた「永続的な問い」に「永続的な『理解』を引き出す問い」という言葉で表現していきました。これは、先に触れたように六つの側面をもつ「理解」（説明・解釈・活用・展望・共感／違和感・自己認識）を引き出し養う試みを視野に入れながらカリキュラムをデザインしていきます。

［ゴール goal（ねらい／ねがい）］本時や単元のねらい／ねがいを設定します！

「かたちを組み合わせる面白さや楽しさ、美しさを感じられるかな?」これは、これまでも学習指導案に記述されてきた先生が設定したねらいですが、第一章で触れたように「問いのかたちに」しておきましょう。「ねらいを問いのかたちに」するとき、当初は先生や親御さんなどその場をつくり導く方が設定することになると思われますが、学び手や暮らし手・仕手（実際に仕事をなさる方）の「声」を聴いて「問いのかたち」を修正したり、むしろ、学び手や暮らし手・仕手の方々が自ら「問いのかたちに」していけるといいですね。

②さて、起・承・転・結の「起」の章ですが、いわゆるここは①の問いに向かうための動機（motivation）を引き出す、本時・本単元などのねらいを越えた導入の導入ともいうべき丁寧な仕掛けづくりをするところです。先生が設定したねらいをそのまま直に提示したり、「動機づけ」をするのではなく、以下の問いのかたちにしたねらいに向かいたくなるような、自ら「動機」を創りたくなるような仕掛けをデザインしたりすることが必要になります。このとき、意外と学び手をその気にさせるのは、答え

を知っているか知らないか（○か×か）という到達可能なレベルを超えた抽象的な「永続的な『理解』」を引き出す問い」を投げかけるといいようです。今回の実践者有美さんは、前時に曼荼羅にある「図形って美しい？」という問いの中核を構成する「美しいって何？」という抽象レベルのより高い問いから出発することによって、むしろ、多くのこどもたちが思い思いにユニークな応答（レスポンス）ができたようです。有美さんの話によると、こどもたちは「ボクのお母さんの顔！」「キラキラって輝いているもの」「自由学園の木の建物」「自然」など出てきたとのことです。

③そして、「承」の章に向かいデザインするではなく、「結」の章、すなわち、ゴールのイメージ・デザインをしていきましょう。ここは、シートの中央にある問いのかたちの「ねらい／ねがい」への応答ができたか、どうか。自分と仲間で確かめる場です。学びや暮らし・仕事に一段落したところで、これまでを単に反省（振り返り）するのではなく、これからを見通すために、今ここでこれまでを問い直すことです。そのリフレクション（見通し問い直し）を行うプラン（カリキュラム）の中にしっかり位置づけておきたいものです。これまでしばしば行われてきた「振り返り」は、学びや暮らし・仕事の外にあって、付け足しのように扱われてきました。ときにこれまでしてきた事実や経過報告の発表で終わってしまうことが多かったのではないでしょうか。

「問いのかたちに」なったねらいへの応答として、その事実や経過報告から明日へのリフレクション（見通し問い直し）をし、その学びや暮らし・仕事にかかわった人たち（仲間）のリフレクションを聴き合う場をもちたいですね。どんなリフレクションの方法があるのか、第三章をお読みになってみてください。④と⑤は、「結」の章に直接向かい進める「転」と、「起」の章を受け進める「承」をデザインしていきます。ある意味では、問いのかたちになったねらいへの応答としての学びや暮らし・仕事の具体的な内容とその展開過程のデザインです。

以上、「e-カリキュラムデザイン曼荼羅（シート）」は、小文字「e」の字のように、中心部の「問い」を中心に起・結・転・承、すなわち①〜⑤の順番でプランを逆向きにデザインするシートです。ここで大切なことは、あなたとその仲間（学び手・暮らし手・仕手）が具体的な内容をいかに「理解」し合ってゆくか、ことのさなかにもリフレクション（見通し問い直し）を続けてゆくようなデザインをすることです。第Ⅰ部や①でも触れた六つの側面がある「理解」の意味について、確かめながら展開することです。

(i) あなたが学んでいることや暮らしていること、仕事していることをそこにいない誰かに「説明」できるかな？

(ii) あなたが学んでいることや暮らしていること、仕事していることを自分の言葉で、「例えばね……」「言い換えるとね……」「これって、……のようなものだよ」などと「解釈」できるかな？

(iii) あなたが学んでいることや暮らしていること、仕事していることが、具体的に何かに「活用」できそうかな？

(iv) あなたが学んでいることや暮らしていること、仕事していることが、この先、未来への見通し（展望）につながっているかな？

(v) あなたが学んでいることや暮らしていること、仕事していることについて、あなたは「共感」を抱いているか、あるいは「違和感」を抱えているか、自分の気持ちを見つめられるかな？「違和感」をネガティブに捉えないでください。「違和感」にはあなたの「理解」を広げたり、深めたりしてくれる可能性があるからです。

(vi) あなたが学んだことや暮らしてきたこと、その仕事をしたことで、自分が今までの自分とは異なる姿や意識に変化してきたのか、あるいは変化してこなかったのか、「自己認識」ができたかな？

(3) なぜ「e－カリキュラムデザイン曼荼羅（シート）」を開発したのか

この節は、学びや暮らし・仕事のプランをデザインする摩訶不思議な「e－カリキュラムデザイン曼荼羅（シート）」がなぜ開発されてきたのか、そのあゆみの物語にご興味がある方は、お読みください。もし、Education の旧訳「教育」の危うさをリハビリする多様な方法について知りたい、やってみたい方は、第三章にジャンプしてください。学びや暮らし・仕事のプランをデザインするとき、始めから学び手や暮らし手が自らデザインすることは困難でしょう。そこで、彼らと並び進む先生や親御さん、上司の方々の役割はとても大きなものになります。

こうした学びや暮らし・仕事のデザインの仕方を叩き込んだり、教え込んだりするのではなく、自ら問いや気づき、学びを引き出し養っていけるような創意工夫や経験をともにしてゆくことが重要でしょう。その意味で「ｅ－カリキュラムデザイン曼荼羅（シート）」を通して、ともに、この先どうするか相談したり、シートをリデザインしたりすることが重要ではないでしょうか。

「ｅ－カリキュラムデザイン曼荼羅（シート）」開発物語

「ｅ－カリキュラムデザイン曼荼羅（シート）」って何だ？多分、本書を手に取って、初めて知った方も多いのではないでしょうか。

まず、「ｅ－」が頭に付いているので、e-mail だとか、e-learning, e-class, e-ticket, e-power, e-friendsなどという言葉あり、何やら電子媒体を活用したことやモノ、サイトのように思われますが、「ｅ－カリキュラムデザイン曼荼羅（シート）」は、先に述べてきたように小文字の「ｅ」の字のように逆向きデザインをするシートです。

ただし、中心部を「ねらいを問いのかたちに」して、まずは、「動機を引き出す」（ことの始めのリフレクション、問いに向かう動機を引き出す導入：起の章）、「未来を見通すための問い直し」（ことの終わりのリフレクション：結の章）、「ことなかさなかのリフレクション：理解の六つの側面を踏まえた展開過程」（転・承の章）と、デザインするシートです。

さあ、この曼荼羅（シート）が開発されてきたあゆみを物語ってまいりましょう。

始めにIntel® Teachとの出会い

それは、二〇〇七年のこと、私が「東京学芸大学教員養成カリキュラム開発研究センター・教授」という職に就き、学生も大学院生もいない「教職大学院設置準備室」で仕事をしていたときのことです。私がまだ東京学芸大学附属大泉中学校の副校長をしていたとき、個人情報保護の理論と学校のカリキュラムの中の「個人情報保護」実践の場面を想定し、校

読む　Intel® Teach とのつながり（pdf）

長の角替晃《つのがえこう》教授（憲法学・情報公開法）との共編著『必携！教師のための個人情報保護実践マニュアル』（教育出版、二〇〇五年）を出したことから、二〇〇七年九月二九日、第五回 Intel® Teach「MT（Master Teacher）クラブ」フォーラムで「学校における個人情報保護の今～過剰反応と無策の狭間で～」という演題でお話をさせていただきました。

そのとき、Intel® Teach の教育プログラムは、当時、地球規模で展開され、国内では、三三〇〇〇名の先生方が受講していました。

そのプログラムは、単元（まとまりある「学び」の構成）プランの「逆向き設計（Backward Design）」理論をベースに、「授業方略（Strategy）」「評価（Rubric）」「カリキュラム構成質問（Essential Question & Unit Question）」「プロジェクト型学習（Project Based Learning）」「テクノロジー（ICT）」という五つの視点で構成されていました。

具体的には、従来の学習指導案とは異なる形式のインテル教育支援プログラム「単元デザインシート」には、五つの視点が反映されていました。

特に私が注目したのは、カリキュラムの「逆向き設計（Backward Design）」と「カリキュラム構成質問（Essential Question & Unit Question）」です。

この二つの言葉の背景には、アメリカの Grant J. Wiggins and Jay McTighe という

『理解をもたらすカリキュラム設計―「逆向き設計」の理論と方法』をカーリルで都道府県別で図書館検索すると、例えば北海道では16の図書館（大学）で所蔵され、貸出可となっています。

お二人の研究者の理論があることを知ります。このお二人の研究については、のちの二〇一二年に、京都大学の西岡加名恵さんが『理解をもたらすカリキュラム設計―「逆向き設計」の理論と方法』（日本標準）に訳出されました。

国際バカロレアのプログラムとのつながり

二〇〇三年から四年間、私が附属大泉中学校の副校長をしていたとき、前任者からの引き継いだ複数の「いじめへの対応」、突然起こった「SARS（重症急性呼吸器症候群）への対策」、生徒や先生方をめぐる「心の健康問題への対応」、和み安らぎのための危険予測・危険回避の理論と実践をもとにした「クライシス／リスクマネジメントシステム」の構築（過去から現在への対応＝問題解決）、そして附属大泉中学校と附属高等学校大泉校舎（帰国生だけの高校）との「中等教育学校の開校準備をめざし国際バカロレアプログラムへの着目」（未来から現在への対応＝協働創造）などの仕事をしてきました。

私は、これら副校長時代の経験知・実践知と二〇〇七年のIntel® Teachとの出会いをもとに、二〇〇八年開設の東京学芸大学院教職大学院で「カリキュラム開発の方法」「学校組織マネジメント」（必修科目）や「教育ネットワークの構築方法」（選択科目）などを担当していきます。そこでは、「カリキュラムの逆向き設計（Backward Design）」「カリキュラムの構成質問（特にEssential Question）」「国際バカロレアの理念とカリキュラムデザイン」を講義しながら究めつつ、究めながら講義していきます。そして教職大学院という専門職大学院ならではの実践（フィールド）と理論（大学院）との架橋・往還を繰り返していきました。三石初雄さん（教育方法学・教師教育論、理科教育、研究者教員）と私（ホリスティック・カリキュラム論、社会科教育、実務家教員）が担当した「カリキュラム開発の方法」では、京都大学の西岡加名恵さん、玉川大学のバーナード恭子さんや附属国際中等教育学校の星野あゆみさん（現玉川大学）などを特別講師としてお呼びし、講義をしていただきました。

　そのあと、二〇一七年、定年退職後一年間、シャミ・ダッタさん（現岡山理科大学）と私（特命教授）は、「国際バカロレアの教授・学習と評価システム」という科目を担当していきます。

ワークショップにおけるファシリテーションからの学び

私が教職大学院で担当していた必修科目「学校組織マネジメント」や選択科目「教育ネットワークの構築方法」（二〇〇八年～二〇一四年）では、私のネットワークと大学院生の要望をもとに、学内外からお呼びした多くの講師と協働して講義やワークショップを創ってきました。それも以下のように大学・学校・教育委員会など学校教育にかかわる方々だけではなく、企業や行政内外で社会・文化的活動をしている方々との協働（coproduction）による講義やワークショップでした。

中野民夫さん（現 東京工業大学）・三田地真実さん（現 星槎大学）をはじめ、山住勝広さん（関西大学）、中原淳さん（現 立教大学）、町支大祐さん（現 帝京大学）、脇本健弘さん（現 横浜国立大学）、李广さん（東北師範大学教授）、酒井創さん（福島学院大学）、野口裕二さん（東京学芸大学）、古屋恵太さん（東京学芸大学）、森本康彦さん（東京学芸大学）、小林祐一さん（当時 北区教育委員会教育政策課指導主事、現 東京未来大学）、中山美由紀さん（当時 附属小金井小学校学校司書）、渡辺有理子さん（附属国際中等教育学校司書）、柳原なほ子さん（当時 インテル教育プログラム推進部）、渡瀬博文さん（当時富士通グループ株式会社ジー・サーチの代表取締役社長）、若江眞紀さん（キャリアリンク代表取締役）、石附弘さん（当時 日本市民安全学会会長・警察政策学会理事）、上條理恵さん（当時 市川警察署生活安全課上席専門員）、松田悠介さん（当時 Teach for Japan代表）、牛嶋孝輔さん（現 早稲田アカデミー人材開発部育成課上席専門職）、江部正紀さん（現 ESHiPキャプテン&日々輝塾塾長）、長尾彰さん（現 株式会社ナガオ考務店代表取締役）、中川綾さん（現 株式会社アソビジ代表取締役）、小笠原舞さん（現 合同会社こどもみらい探求社共同代表）、冠地情さん（イイトコサガシ代表）、大和田良さん（写真家）、三浦淳子さん（ドキュメンタリー映画「さなぎ〜学校に行きたくない〜」監督）。順不同

教職大学院開設の二〇〇八年度に中野民夫さん「現代教育ネットワークを進めるファシリテーションの在り方について考える」、二〇〇九年度には三田地真実さん「教育ネットワークの構築のためのファシリテーション」という特別講義をしていただきました。

このとき、中野さん創案の「プログラムデザイン・マンダラ」をもとに、三田地さん考案の「プログラムデザイン曼荼羅図」に学びながら、先に挙げた「カリキュラムの逆向き設計（Backward Design）」「カリキュラムの構成質問（特にEssential Questions）」、「国際バカロレアの理念とカリキュラムデザイン」などの視点を取り入れ、ワークショップに

おけるファシリテーションのプログラムデザインだけではなく、「本時や単元」のデザインや「年間計画」をはじめ、長期間の学びや暮らし・仕事（ライフヒストリー）のデザインに生かす道を模索していくことになりました。そして、Ａ４判横置き１枚の「ｅ－カリキュラムデザイン曼荼羅（シート）」の開発につながっていきました。

なぜ、「曼荼羅（Mandala / Mandorla)」なのか

　中野さんや三田地さんの「プログラムデザイン・マンダラ」や「プログラムデザイン曼荼羅図」という名称、そして、私が開発に向かう「ｅ－カリキュラムデザイン曼荼羅（シート）」や「ライフヒストリーデザイン曼荼羅（シート）」に共通するのが、「曼荼羅（Mandala）」です。私が「曼荼羅」に出会い、その意味の広さや深さに気づいてゆくヒストリーを簡単にご紹介しましょう。私が「曼荼羅」の存在を強く意識してゆくのは、まだ中学校の社会科（歴史）の先生をしていた一九九四年の夏以降ことです。それは、京都にある東寺講堂の「立体曼荼羅」を知ったことからです。みなさんはご覧になったことはありますか。中に入ると、たくさんの仏像があるのにびっくりします。大日如来さんを中心に二十軀《たい》の仏

像が安置されています。一番外側の右奥から反時計回りに多聞天さん、広目天さん、増長天さん、そして持國天さんが物凄い形相をしてお立ちになっておられます。

多聞天さんは、教師であった私に「相手に向かっておしゃべりし過ぎてはいないか（多弁？）」、広目天さんは「狭い視野で人を捉えてはいないか（狭目？）」、増長天さんは「ひとのマイナスや短所ばかり気にしてはいないか（減短？）」、そして、持國天さんは「今いるところの環境や条件をきちんと整えてはいるか（亡國？）」といつも問いかけてきます。

当時、教師であり、夫であり二児の父であった私は、この四天王さんから届くメッセージとは逆のことをしていたことに気づかされました。そして、大日如来さんは、私にとって目の前にいた生徒であり、妻であり、わが子たちのように思えてきました。そして、この「曼荼羅（Mandala）」と似たような構図をもつ「マンドルラ（Mandorla）」という図象がキリスト教世界にもあることを知ります。マンドルラの中央にイエス・キリストさんがおられ、その周りに右上から反時計回りにマルコ（獅子）さん、ヨハネ（鷲）さん、マタイ（人）さん、ルカ（牛）さんが描かれています。

洋の東西に似たデザインの構図があることを知り、「曼荼羅（マンドルラ）」が、歴史や文化の境界を超えた「時間」、国や地域の境界を超えた「空間」、人と人との間にある境界を超えた「人間《じんかん》」を意味しているのではないかという問いに気づき、そのあと、今もその問いに応答するため学び暮らし《まなくら》を続けています。

この問いや気づき、学びを自ら引き出すことになったのは、一九九四年の夏、製材業を営みながらカウンセリングを学び探求を続けておられた大須賀発蔵《はつぞう》さんと出会い、東寺講堂の立体曼荼羅の中で大日如来さんを守護する「四天王」のお話を聴けたこと、そして、ご著書『いのち分けあいしもの—東洋の心を生きる』（柏樹社、一九八七年）にも出会い、読んだことから、自らのフィールド（現場）で試み、研究‐実践を続けてきたからです。大須賀さんのご著書は、注や参考文献が挙げられておらず、いわゆるアカデミックな文献ではありません。その筋の専門家や研究者など学界におられる方々には相手にされなかった本だったのかもしれません。

しかし、当時、フィールド（現場）にいる「教師」であった私には、突き刺さるものがあり、腑に落ちていったことは間違いありません。そして、のちに「大学教員」となった私は注も参考文献もないこの本を「鏡」にして研究‐実践（探求）をしていきます。

例えば、「曼荼羅」の背景にある「華厳思想」や「教育／ケア理論」の探求です。その「果実（成果）」と「種（課題）」として、今、この本を書いています。大須賀さんのご著書のように、本文や章、節ごとに注や参考文献を挙げず、中高生から高齢者の市民／住民（Inhabitants）の方々まで読める「物語」として書いています。

なお、大須賀さんのご著書『いのち分けあいしもの—東洋の心を生きる』を「カーリル」で検索をすると、全国の国公立図書館・大学図書館で所蔵しているのは、次のたった四館だけでした。（①福島県東白川郡矢祭町　矢祭もったいない図書館②埼玉県春日部市立図書館③滋賀県立図書館④兵庫県の武庫川女子大学図書館）ちなみに、東日本大震災・原発事故の翌年二〇一二年、私が訪れたことのある①「矢祭もったいない図書館」は、福島県立図書館の九五万冊についで、県内第二位の四五万冊の蔵書があります。小さな町で予算が三〇〇万円しかなかった図書館でしたが、司書さんの発案で書籍の寄贈を全国に呼びかけた結果できた類稀なる図書館です。

「e - カリキュラムデザイン曼荼羅」の文化を！

全国の国公立学校を中心に「学習指導案」の文化があります。かつては「教案」と呼ばれていた時代から「指導案」「学習指導案」へとその名称が時代とともに移り変わってきました。一九九〇年代初頭、一時「学習支援案」という名称が提唱されたこともありました。
当時、附属大泉中学校で全校をあげて各教科でディベート実践をしていたとき、私は、ディベート本時には教師が主導する「学習指導案」ではなく、あるのは生徒たちがいかなる議論を展開してゆくのか予想・考察する「予察案」だと提案したことがありました。それは単著『中学校社会科授業ディベートの理論と方法―「自立共生・共生共存」をめざす―』（明治図書、一九九七年）の中にありますが、「学習指導案」の壁は越えられず、「予察案」の提案はまったく影響力をもたず、普及していきませんでした。本書はすでに絶版になっていますが、前頁のQRコードからご覧になることができます。

「教案」から始まった「学習指導案」の文化は、明治以来今日までの旧訳「教育」を支えてきたといっても過言ではありません。新訳「涵養成る／化育成ること」とリハビリを考えるとき、「学習指導案」に代わるもう一つの「プラン」の様式が不可欠ではないでしょうか。その意味で、Intel® Teach の五つの視点を盛り込んだ「単元プランシート」や国際バカロレアの「ユニット・プランナー」、「教授・学習」のためではなく、学び手や暮らし手・仕手の「問いと気づきと学び」を引き出すファシリテーションのための中野さんや三田地さんの「プログラムデザインマンダラ（曼荼羅図）」、そして、「e‐カリキュラムデ

読む　真中昭典・田嶋健人・津山直樹（2022）「児童の声を活かした探求学習におけるカリキュラム生成 ―初等部3・4年「水の学び」を中心に―」(pdf)

ザイン曼荼羅（シート）」は、Educationの新訳とリハビリには意味あるデザインシートになるのではないかと思っております。

なお、「生活科単元プランシート」や「学際的単元ユニット・プランナー」、中野さん・三田地さんの「プログラムデザインマンダラ／曼荼羅図」、成田の「ｅ－カリキュラムデザイン曼荼羅（シート）」の様式については、前頁のＱＲコードからご覧ください。

具体的な実践研究で援用される「ｅ－カリキュラムデザイン曼荼羅」

自由学園初等部の真中昭典さんと田嶋健人さん、そして中央大学の大学院博士課程で研究をされ、男子部の非常勤講師をされていた津山直樹さんが協働し、初等部三年生と四年生の異学年合同での「水の学び」の実践を行いました。

そして、その実践を「児童の声を活かした探求学習におけるカリキュラム生成　―初等部三・四年「水の学び」を中心に―」（『生活大学研究』Vol.7, pp. 1-21,2022年）という記録（研究論文）に残しておられます。「ｅ－カリキュラムデザイン曼荼羅（シート）」がどのように援用されていったのか、上のＱＲコードから閲覧することができます。

第Ⅱ部

第三章

【これからを見通すために、これまでを問い直し続けませんか】

振り返りなんか越えてゆけ

【これからを見通すために、これまでを問い直し続けませんか】

そして、第二章でゴールからデザインされたプランを実施・実践するプロセスのはじめ・なか・おわり、いつもこれから見通すために、これまでを問い直してみましょう。単に過去を振り返り、反省するのではなく、リフレクション（Reflection）するのです。英語のReflectionとは、辞書を引くと、一般に「反射・反響・反映・影響・熟考・内省」などの意味があります。問いを抱えながら学びや暮らし・仕事をしたことを、自分の心や頭や身体に受けて、未来に向けて見通すために反射・反響させるために、過去や現在を問い直すことです。しかもことのおわりに「振り返る」だけではなく、ことのはじめにもことのさなかにもリフレクションはあるものです。そして、リフレクション（見通すための問い直し）は、学びや暮らしや仕事のおわりにする付け足しなどではなく、むしろ学びや暮らし・仕事の最も大切な肝《きも》、物事の重要な点・急所なのだと心得ておきましょう。

(1) これまでの「振り返り」ではいけないのですか？

あなたは、「振り返り」をどのように受け止めているのでしょうか。
□に鉛筆でチェックしてみませんか。

A□強制されている　□正解と間違いがある　□いいか悪いかが評価される
□時間の無駄　□成績や点数がつけられる　□難しい　□誰かが言ったことを写す
□文章を書くだけ　□予測できる　□他の人に判断される
□起きたことのまとめにすぎない　□議論の記録だけ
□誰かを喜ばせるためにするもの　□教師が指導して行うもの　と受け止めていませんか。

それとも

B□率直に書ける　□個人的である　□様々な方法で行われる　□自己認識を高める
□困難なこともある　□簡単なこともある　□創造的なこともある　□学習に必要である
□自分が何をしたか、振り返りどのように感じたかを考える　□驚く　□計画に役立つ
□考え、感情、アイデアについて考える　□一人でしたり、他の人と一緒にしたりする
□ものの見方を増やすことができる　と受け止めていますか。

あなたも目の前の学び手も「振り返り」をさせられてきたり、させてきたりした経験があるはずですが、一旦、今ここで立ち止まって「振り返り」の意味を捉え直し、未来を「見通す」ために、過去を「問い直す」機会をもってみましょう。

学び手が「こんなのは振り返り(Reflection)ではない…A」「これが振り返り(Reflection)だ…B」と捉えている姿は、『国際バカロレア ディプロマプログラム(DP)「創造性・活動・奉仕」(CAS:Creativity, Activity, Service guide)指導の手引き』(二〇一五年八月、pp.36-37)に掲載されていた資料(二〇一九年二月十二日閲覧)を参考にさせていただきました。しかし、残念ながら現在、Web Site 上で閲覧できません。

いずれにしても、その試みに向かう視点は次の通りです。ご参考になさってください。

視点Ⅰ:学び手が未来を「見通す」ために過去を「問い直し」たくなる試みになっているか?
視点Ⅱ:その試みには、多様な表現形式が用意され、自己選択・自己決定・自己実践できるか?
視点Ⅲ:その試みが直観や想像力を引き出し、また、それを論理や証拠で意味づけられるか?
視点Ⅳ:その試みが自己との対話、他者との対話を経て、さらに自己認識を広げ深める機会になっているか?

(2) 多様な表現形式とは？ーこれからを「見通す」ためにこれまでを「問い直す」

① 「表情イラスト」で学びに向かう／向かった自分の感情を見つめる

これは、小さなお子さんから高齢者の方まで世代を越えて試みることができます。ことの始めやことなかさなかに、もちろん、ことの終わりにでも試みてみませんか。学びや遊び、仕事に向かい／向かったときの自分の感情を見つめます。その手助けをしてくれるのは、「表情イラスト」です。私が使ってきたのは、二十五種類の「表情イラスト」ですが、小さなお子さんやたくさんの中から選ぶことが苦手な方は、数を絞って試みるといいでしょう。西東京市立碧山小学校の一年生の実践では、うれしい・ふつう・困ったの三種類の表情を使っていました。もし、この三種類に自分の気持ちを表す表情がなかったら、自分で描いてもいいとの約束をしていました。要は、自分の気持ちを表す「表情イラスト」を選んで終わりではなく、なぜ、どうしてそれを選んだのか、誰かにその訳を書いたり述べたり伝えることです。すなわち、今の自分の気持ちを直観や想像力で選んでみることと、選択した「表情イラスト」の内側に潜む根拠や理由を言語化することとを往き来することが大切なのです。

図　表情イラスト

②学んだり体験したりしたことを「自由詩」や「短歌・俳句」「漢字一字」で表現してみること

あなたの学習・生活経験に、あなたのひらめきや想像力を加え、「化学変化」させてできた「作品（創作叙事詩）」と、なぜ、何、どうしてその「作品」を書いたのか、理由や根拠など「解題」を書いてみます。

あのホメロスのように　安在清輝

歴史の父・ヘロドトスが『歴史』を書くまえに、
叙事詩はあった
叙事詩は時としていかなる歴史書よりも真実を伝えることがある
数世紀の時を隔てて異国の少年が叙事詩を読んだ
そして、少年が大人になったある日、
夢にまで見たその物語が現（うつつ）のものとなった
トロイアはあったのだ！
そう、叙事詩は私たちを歴史へと誘うのだ

かつて、少年は叙事詩を読み、歴史の真実にふれた
今、少年と少女は叙事詩を書き、
歴史の真実を探し求める
あのホメロスのように……

注
＊ホメロス：古代ギリシア（紀元前八〜九世紀ごろ）の詩人。諸国を遍歴した盲目の吟遊詩人。英雄叙事詩『イリアス』（「トロイアの木馬」の話は有名）、『オデッセイア』の作者とされています。
＊安在清輝：「寺澤満春」と同じく私のペンネームの一つです。
＊叙事詩：ここでは出来事・事実をもとに創作される詩のことです。
＊少年：シュリーマン（1822-90）、ドイツの考古学者。少年時代にホメロスの叙事詩を読んだ。トロイアの遺跡などエーゲ文明の遺跡の発見・発掘に貢献。自叙伝『古代への情熱』（岩波文庫）があります。
＊少年と少女：東京学芸大学中学校の生徒を指しています。

「解題」

この詩は、一九八五年、今はあまり使わないペンネーム「安在清輝」の名で私が書いた詩です。社会科歴史で生徒たちは何を学んだのか。教科書や参考書にある事象・事実をテストやレポートでリニアにアウトプット「させる」のではなく、その生徒がいったい何に興味や関心を示し、自分の言葉で表現するのか、生徒の頭や心の内側から「引き出す」「社会科叙事詩」へ誘うために書いた作品です。

古代文明の単元が終わったあとに、生徒たちは「社会科叙事詩」を書いていきました。生徒たちの作品の中でもっとも衝撃を受けた「作品」がこちらです。

それは悲惨な絵だった―殷王の墓―

りゅうのすけ（中1・仮名）

それは悲惨な絵だった／王さま一人のために／たくさんの人が死んでいた／生き物も死んでいた／王さまのために

首を階段のそばにさらされて／今にもうめき声が聞こえてきそうだった／動物もたくさん死んでいた／犬、猫、鳥の鳴き声が聞こえてきそうだった／みんな王さまのためだった／奥さんや子どもがいる人もいるだろう／しかし、死なねばならぬのだ／王さまのためにこんな世の中をだれが作った！／そう言う人がいるかもしれない／その答えに／王さまがすべてわるい／と言う人がいるだろう／しかし／そう言っている人も／こんな世の中を作っているのかもしれない

時をこえて今／お金という王さまのために命をすてる人もいる／今も昔も同じだ／いつになったら王さまのために命をすてる人が／いなくなるのだろう／そういう日は永久にこないのかもしれない

「解題」

一九八五年、初めての「創作叙事詩（当時、社会科叙事詩）」作品。りゅうのすけさんは『資料集』にあった「殷王の墓」の復元図を見ながらこの詩を書きました。第四連に「時をこえて今」とありますが、一九八五年の世相にあった「お金」をめぐり悪徳商人が殺される痛ましい事件（豊田商事事件）を対比させ、現在と過去と対話する作品になっています。このときはまだ「解題」を書くことはなく、「創作叙事詩」を書いて提出するだけでしたが、出題者の私は、りゅうのすけさんが書いたこの「作品」を読んで、ただただ驚くことしかできませんでした。歴史学徒であった私は、E・H・カーさん

読む　事実認識と想像力をつなぐ試み（pdf）

の『歴史とは何か』（岩波新書、一九六二年）を読み、「歴史とは歴史家と事実との間の相互作用の不断の過程であり、現在と過去との間の尽きることを知らぬ対話」であることを知っていました。中学一年生のりゅうのすけさんは、社会科歴史が得意とはいえず、カーさんの本などを読んでいるとは思えませんでした。しかし、中学生のりゅうのすけさんは、いとも簡単に「現在と過去との対話」をしているではありませんか。これまで私がしてきたテストやレポート課題をもってしては彼の内面にある学びの「果実」や未来に芽生えるだろう「種」を引き出し、評価などできなかったことに「痛恨の極み」を味わうことになったのです。そして、そのあと、私は、りゅうのすけさんの創作叙事詩「それは悲惨な絵だった―殷王の墓―」を「教材」ではなく、「学習財（生徒と教師の学びのための「財産」）」として実践をしていきました。

以後、「事実認識と想像力をつなぐ試み」として、社会科「叙事詩」論の研究‐実践、そして「創作叙事詩・解題」の理論と方法の研究‐実践を続けていきました。「創作叙事詩」で検索すると、研究‐実践の概要を私のブログ上でお読みになることができます。

③文字を書くのが苦手な方のための方法もあります。それは、「イラストや図解・漫画」などで表現する方法です。

なぜ、何、どうしてそれを書いたのか、理由や根拠を書けない場合はお話を聞かせても

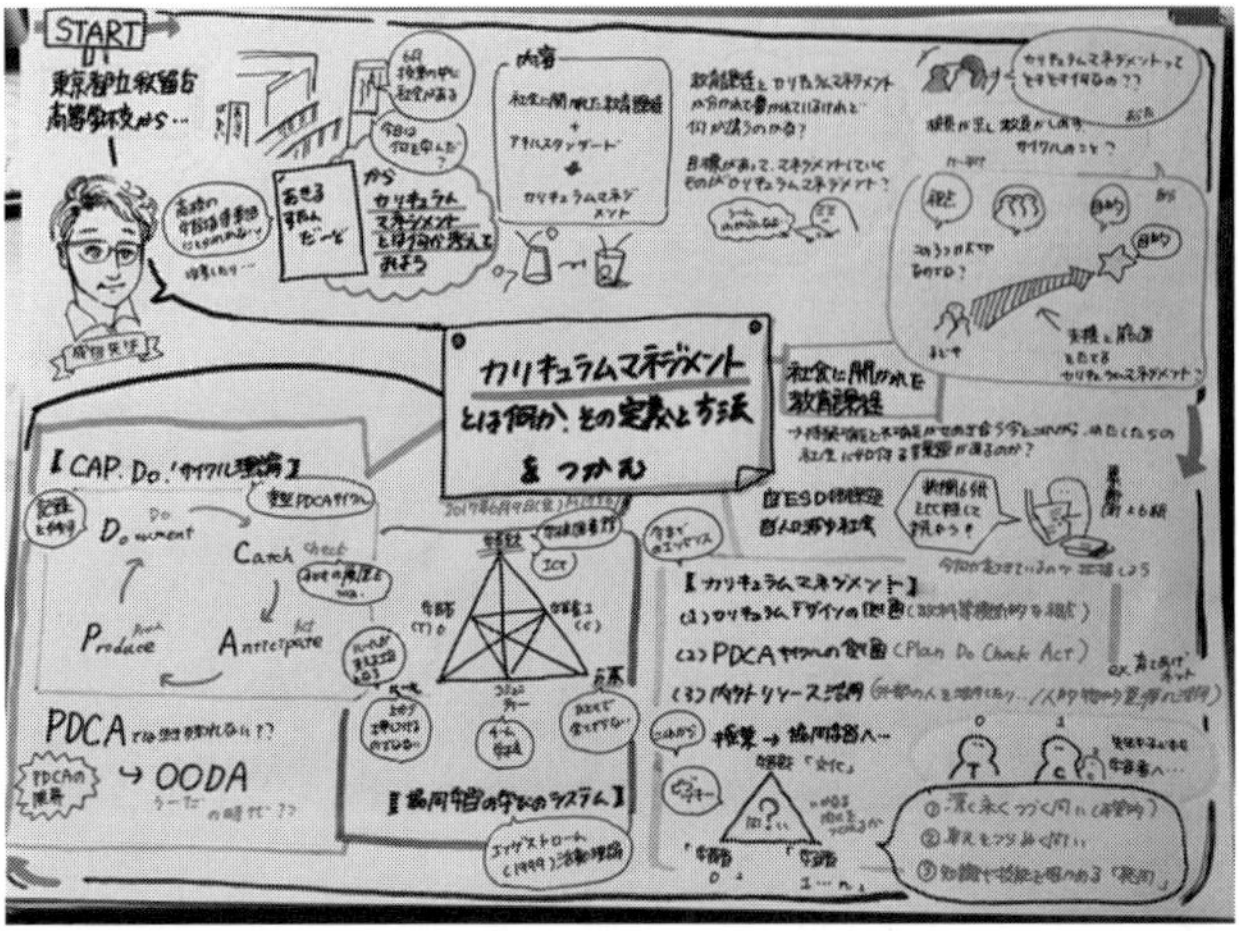

図　講義「カリキュラム・デザイン基礎」グラレコによるリフレクション（2017年）夏川真里奈作

らってもいいでしょう。おとなでもこの「イラストや図解・漫画」のほうが得意な方はいるものです。①や②と共通することは、なぜ、何、どうしてといった理由や根拠を言語化することが大切です。

近年では、グラフィック・レコーディング（グラレコ）という方法が試みられることが多くなってきました。

大学院での私の講義「カリキュラム・デザイン基礎」（二〇一七年六月九日）の「見通し問い直し（リフレクション）」として「グラレコ」を描いてくださったのは、大学院生・夏川真里奈さん（現株式会社MIMIGURI / art Educator）です。

④学んだり体験したりしたことを「キーワードやキャッチフレーズ」で表現する方法もあります。これもなぜ、何、どうしてそれを書いたのか、根拠や理由など「解題」を書く方法もあります。

「キャッチフレーズで描く奈良時代」

(1)「一声二百万人、あなたは集められますか」（大仏建立を呼びかける天皇の視点）

(2)「土地広げ、地位を取れ取れ、楽しく遊べ」（中央貴族の視点）

(3)「広めろ築けよ民のため」（大仏造りをめざす僧侶・行基の視点）

(4)「唐への長旅／文化検討、荒波健闘、果たして賢答はあったのか」（遣唐使の視点）

(5)「上にごま、下には辛子、我が身に砂糖」（地方豪族の視点）

(6)「逃げたい　そりたい　だましたい」（重い税や義務を課せられるので、逃亡したり、僧となって浮浪したり、戸籍を偽って男の子を女の子として届ける偽籍をしたり、ささやかな抵抗をしていた班田農民の視点）

これは、「様々な視点から奈良時代の歴史像を描く〜みんなで歴史キャッチフレーズを作ろう～」という社会科歴史の実践で、中学生たちが作った「歴史キャッチフレーズ」です。

天皇・中央貴族・僧侶・遣唐使・地方豪族・農民の視点に立つグループで、これまで学んできたこと、さらに調べ深めたことを「キャッチフレーズ」で表現し、みんなの前で発表し、キャッチフレーズの謎解き合戦を行いました。この実践では、生徒たちの内面に生成されていった学びをいかに表に呼び起こし引き出すことができるか、とあれこれ考えていました。公民的分野の「学習財（教材）」研究のため、たまたま読んでいた深川英雄さんの『キャッチフレーズの戦後史』（岩波新書、一九九一年）を読んでいたとき、着想したものです。

かつて足尾銅山鉱毒事件のとき、そのニュースを知った少年・石川一《はじめ》さんが、「夕川に葦は枯れたり血にまどふ民の叫びのなど悲しきや」（久保田正文編『新編 啄木歌集』岩波文庫、一九九三年）と詠んだのですが、この実践では、石川さんのように短歌ではなく、「キャッチフレーズ」を創作することで、奈良時代を映し出す試みとなりました。
⑤最近では、さらに多様な表現形式を使って、これからを「見通す」ためにこれまでを「問い直す」方法が試みられていきます。

例えば、ＬＩＮＥなどのボイスメモを使って学んだり体験したりしたことを、根拠や理由を含め、音声で表現したり、多様な表現形式が試みられています。学び手の得手・不得手を踏まえて、常に同じ形式でやらされる「振り返り」ではなく、自己選択・自己決定・自己実践が容易にできる表現形式を用いて、これからを「見通す」ために、これまでを「問い直す」ことが大切ですね。そしてその多様な表現形式を使って創作された「作品」をそれぞれ他者に伝え、他者の「作品」から学び合う場を設け、他者との対話を経て、再び自己との対話に舞い戻り、自己認識を広げ深める場をもちたいものです。

これからを「見通す」ためにこれまでを「問い直す」試みは、学びや体験のあとや付け足しで行われるものではなく、学びや体験そのものであるので、学びや体験のプラン（カリキュラムや事業計画）の中にしっかり位置づけ、時間を確保しておく必要があります。

強調したいのは、学びや体験の外にある「付け足し」などではなく、むしろ極めて重要な珠玉の学びや体験であるということです。時間がなくなったので、次回までの「宿題」などにしないようなカリキュラムデザインや事業計画をしておきたいものです。

(3) 多様な表現形式を支える理論や哲学は？

①未来を「見通す」ためにこれまでを「問い直す」試みに至る「現場生成型理論」

未来を「見通す」ためにこれまでを「問い直す」試みは、当初から理論的な枠組みがあったのではなく、むしろ中学校の現場での多様な実践‐研究が先行し、そのあと、実践と理論とを架橋・往還する大学院での研究‐実践の過程で生成されてきた理論です。

学び手一人ひとりの「学びと暮らしの履歴」を明らかにしてゆくために「社会科叙事詩（のちに創作叙事詩）」「キーワード&コメント」「キャッチフレーズ」などの実践を重ね、大学院において「エスノグラフィー」（現場でひと・もの・ことと出会う・観る・聴く・対話する・共に在る・感じる・考える・書物をひもとき、記録する、「越境する問いと気づきと学び」の文化誌）としての「創作叙事詩と解題」が生成され、また、「学びと暮らしの履歴」を自らの知・心と身体で受け止め、未来に向けて反射・反響・反映させる省察（論理と証拠で振り返るReflection）と観想（直観や想像力で振り返るContemplation）として多様な表現形式をとり込んできました。

②パット・オクデンさんらの脳科学「階層的情報処理理論」（認知脳↑↓情動脳↑↓感覚運動脳）

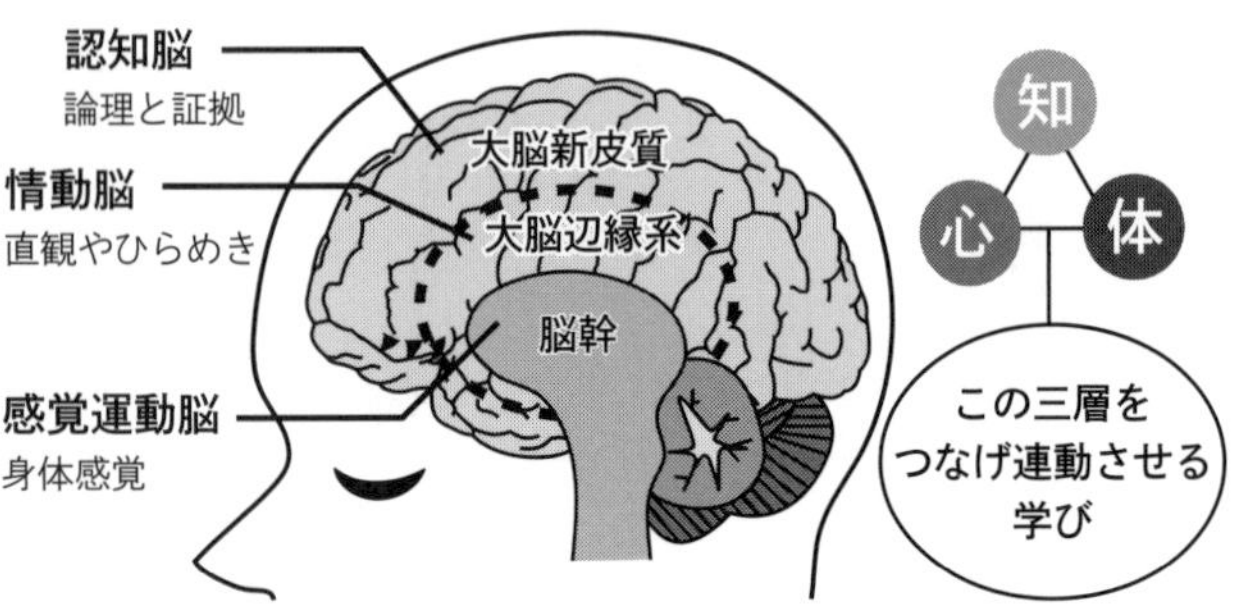

図　階層的情報処理理論
『トラウマと身体：センサリーモーター・サイコセラピー（ＳＰ）の理論と実際』（星和書店　2012年）より作成

私たちは、主として「直観やひらめき、想像力など情動」をつかさどる「大脳辺縁系（情動脳）」で多様な表現形式の「作品」を創ります。また、身体感覚をつかさどる「脳幹（感覚運動脳）」で身体表現を伴う「作品（舞踊やダンス）」を創ります。そして、思考や言語をつかさどる「大脳新皮質（認知脳）」で多様な表現形式を使った「作品」を「なぜ、何、どうして創ったのか」その論理や証拠をもとに「解題」を書きます。

　基本的には、直観やひらめき・想像力、身体感覚などをもとに多様な表現形式を使って創った「作品（広義の創作叙事詩）」と、論理と証拠をもとに記述・口述した「解題」を自己内で架橋・往還させる試みです。こうした自らの学びと体験について、自己内対話を経て表現し、その経験の記憶を記録していきます。同様の時間・空間・人間《じんかん》で学んだり経験したりした事象・事実が一人ひとりの内面から呼び起こされ引き出されることによって、多様で異なる「作品」が可視化・言語化されることになり、その学びと体験の意味を広げ深めていきます。この理論は、パット・オクデンさんらがお書きになった『トラウマと身体：センサリーモーター・サイコセラピー（SP）の理論と実際』（星和書店、二〇一二年）を参考にしています。

③「つながり・つりあい・つつみこみ、継ぎ続く学びの理論」（問いのかたちに：成田）

ｉ：学びには、身体、感情、知性、精神のすべての面が含まれるのではないか。

ⅱ：知ることと学ぶことには、多くの道があるのではないか。多元的な知性：言語的知性、論理数学的知性、空間的知性、音楽的知性、運動感覚的知性、対人関係的知性、個人の内面的知性など（ハワード・ガードナーの多重知能論）。

ⅲ：学びには努力と遊びの両面があるのではないか。遊びと学びの入り混じった「アマソナビビ」の意味。

ⅳ：学びが促進されるのは、心が安らぐ環境にいるときではないか。

『ホリスティックな教師たち：いかにして真の人間を育てるか』（中川吉晴さん・吉田敦彦さん・桜井みどりさん訳、学研、1997年、）カーリルで検索すると…国立国会図書館、ほか公共図書館7館，大学図書館17館で所蔵

v：学びが促進されるのは、学び手が意欲的に取り組みそれをなしとげるときではないか。

vi：学びが促進されるのは、それが実際の生活に関係しているときではないか。

vii：〈自己〉を知ることは、つながり・つりあい・つつみこみ、継ぎ続く学びの核心ではないか。

viii：成長や発達はおとなになってからも続くのではないか。知的発達の最高段階とみなされている形式的操作は、思春期の後期に表れるとか（ピアジェ）。三十五歳ごろに人生や精神的発達における重要な転機が訪れるとか（ユング）。人生の流れを全体（ライフヒストリー）として捉えられるようになると、学び手とふれあうときにも、新たな次元が開かれ、学び手も実践者も互いに成長し合う存在としてみることができ、学び手と実践者は「旅」の段階が異なるとはいえ、ともに「旅」を続ける「同朋」（共立：ともだち）とみなすことができるのではないか。生涯・世代間にわたるDevelopment（成長・発達）において、学び手から学ぶ、年少者へリスペクトはできるか。

ix：学びには、過去の条件づけを解き放つはたらきも含まれるのではないか。伝統的には学習は、知識や情報、技能を収集し、蓄積していく過程だと考えられている。一方、過去に受けた好ましくない条件づけから解放される必要もあるのではないか。（虐待を受けたこども、過去に形成されたその子の全人的な成長を阻む悪習慣・行動パターン等）を捨て去ることができるか（unlearning）。老子四十八章「学問をするとき、日毎に蓄積していく。「道（タオ）」を行うとき、

日ごとに減らしていく。減らしたうえにまた減らすことによって、何もしないところにゆきつき、そして、すべてのことがなされるのだ」とか（老子）。

x：直観は、すぐれた知のあり方ではないか。論理的思考と直観とのバランスの回復のために、芸術や運動などをより重視すべきではないか。インスピレーション、第六感（視覚・聴覚・触覚・味覚・嗅覚＋α）の大切さ〈直観のはたらき〉。内面の発達には、「想像力」が重要ではないか。想像力は知識よりも大切なものであるとか（アインシュタイン）。シュタイナー学校における学びでは物語、芸術、身体運動が重視されてきたとか。直観の四つのレベル：（ア）生理的直観（危険や脅威の察知）、（イ）感情的直観（他人の「波長」の察知）、（ウ）知的直観（ひらめき、知的な洞察）、（エ）精神的な直観（根源的な洞察）。内外の「宇宙」、あらゆるものにおけるつながりに気づけるか。

このi～xは、ジョン・P・ミラーさんの『ホリスティックな教師たち：いかにして真の人間を育てるか』（中川吉晴さん・吉田敦彦さん・桜井みどりさん訳、学研、一九九七年、pp.33-51, p.113）から要約及び私による補足説明で構成されています。

④関連する理論や哲学を俯瞰する「教育諸理論の三層包括分類表（Ver.15.3）」

これからを「見通す」ためにこれまでを「問い直す」多様な表現形式を支える理論と哲学をさらに俯瞰するためには、最新の「教育諸理論の三層包括分類表（Ver.15.3）」（成田、2021:10-11）をご覧ください。これは、吉田さんが作成した「教育諸理論の三層包括分類」（一九九九年）をもとに、私が多様なフィールドワークを重ね、加筆・修正をし続けてきた表です。紙幅の関係で掲載はしませんが、前頁のＱＲコードよりジャンプできます。

拡張・深化する「ｅ－カリキュラムデザイン曼荼羅」

真中昭典さんが、初等部五年生で実践した探求学習「食について深く考える～食の学び：自由学園から世界へ～」を「ｅ－カリキュラムデザイン曼荼羅」でデザイン／リデザインし、実践を終えて「ｅ－カリキュラムデザイン曼荼羅」のシートを援用し、ご自身の教師としてのリフレクション記録をお書きになっています。最後の象限（結）では、「表情イラスト」とその解題を使って、自らのリフレクションの記録を残されています。

第Ⅱ部

第四章

記憶を記録に残し、未来につなげませんか

記録の仕方もいろいろ

【記憶を記録に残し、未来につなげませんか】

①問いのかたちのねらいをもとに、②ゴールから逆向きにデザインし、③常にはじめ・なか・おわりにあるその先を見通すための問い直し（リフレクション）した記憶を記録に残し、未来につなげていきましょう。ただ事実を書き連ね記録するだけではなく、多様な表現方法からあなたがしたくなるリフレクション（見通すための問い直し）の方法を自ら選んで実行してみましょう。例えば、学んだり経験した事実にあなたのひらめきや想像力を加えて、「詩（自由詩や短歌・俳句など）」のかたちにしたり、「イラストや漫画」「キャッチフレーズ（標語）」「漢字一字」、そして書けない書かない書きたくなかった結果としての「空白」も立派なリフレクションになります。ただし、表現方法は多様ですが、それらの作品に、必ず、なぜそれを書／描いたのか、書／描かなかったのか、理由（解題）を添えることを忘れずに！

さて、記憶を記録に残し、未来につなげることが、Educationの新訳「涵養成る／化育成ること」とリハビリになるのか、ここで正解をお示しすることはできません。しかし、第Ⅱ部の第一章から順に学びや暮らしと仕事のデザイン―「ねらいを問いのかたちに」・「学びや暮らしと仕事の逆向きデザイン」・「ことのはじめ・なか・おわりの見通し問い直し（Reflection）」―してくると、その学びや暮らしと仕事を越える履歴（Hi-story）が生成されていくのではないでしょうか。

実際、その「履歴」には、あなたが「したこと（Do）」を越えて「考えたこと（Think）」・「感じたこと（Feel）」・「望んだこと（Want）」があったはずです。それも一人だけで学び・暮らし・仕事をしていたとしても、陰に陽に他者とのつながりやかかわりが生まれ、相互に「したこと（Do）」を越えて「考えたこと（Think）」・「感じたこと（Feel）」・「望んだこと（Want）」の意味を見通し問い直すこと（Reflection）でよりよい新たな未来がデザインされてゆくのではないでしょうか。そして、これまでとこれからの複数の他者とのつながりやかかわりの文脈（Context）がさらに意味ある履歴（Hi-story）となってゆくことでしょう。

その意味ある履歴（Hi-story）を個々人の記憶にのみ留めておくのではなく、多様な表現形態―書字文化記録や口承文化記録、映像文化記録など―の中から自己選択・自己決定・自己実践をしてみませんか。私の場合は、自由学園においてコロナ的状況（Emergency）下で、これまで残してきた実践報告や実践研究ノート・実践研究論文・エスノグラフィー、書籍、写真や音楽・黒板画、ブログやＳＮＳ（Facebook・Twitter・Instagram）、YouTube（Ｚｏｏｍ）などのほか、新たに口承文化記録としてのラジオ

（Lecture RADIO・みなみさわ森の RADIO など）を創発（emergence）してきました。

私の場合、高校時代に二つの幸運な出来事に出会っています。

まず一つ目は、高校一年生のころ、ロシア文学者の中村白葉さんのお話を聴く機会があったことです。このとき、中村さんは、ロシア文学のお話ではなく、「日記のすゝめ」のお話をなさったのでした。それも、三日坊主の経験しかもち合わせていなかった「日記」でしたが、中村さんは「一冊のノートを用意し、すぐに始めてみるといいです。そして、それが三日坊主のごとく続かなかったとしてもノートを捨て去らずにおき、数か月、数年間の空白の日々があったとしても、思い立ったときに再開すればいいのですから、ノートを持ち続け、空白の日々があっても続けてゆくことです。空白にも意味があるのですから……」とお話になりました。ロシア文学者が「ロシア文学」を語らず、ズボラな「日記のすゝめ」を語り、「コツコツ努力せよ」などと語らなかったことに感謝しています。この意外なお話はそのあとの私に大きなインパクトを与え、結果として数十冊のノートに「日記」を書き続けてゆくことになりました。そして、二つ目も高校一年生のころのこと、国語科の若い非常勤講師の先生が、出された課題、それも自由課題だったと記憶していますが、教科書を離れて「小説を書いてみないか」と問いかけてくださいました。

小学生のころ、病弱だった私が病床の中で『不思議の国のアリス』を読み、熱にうなされながら夢の中でウサギを追いかけ不思議な世界に入り込んでいき、その「恐怖」の原体験ゆえでしょうか。そのあと、小説を読まない少年になってゆくのです。しかし、このとき、なぜか「小説を書かないか」という問いかけには不思議と魅せられ、「α・β・γの中の男が考えること」というSF小説を書きました。主人公の男が自分の脳内で時間のないP点から現在（β）から未来（γ）へ、そして過去（α）に向かい、再びP点に舞い戻りながら、自分はいったいどこにいるのか考え続けるという物語でした。

私の四〇〇字詰原稿用紙九枚の短編小説（ショートショート）を読んだ先生は、「面白い作品ですね。きみの文章の構成力に驚いた」とコメントし返却してくださいました。この作品は、今も手元に残っており、二〇二一年五月に「ある高校生の書いた『ショートショート』をめぐって」というタイトルでLecture RADIOで語り、アップしてあります。

これは、ちょうど自由学園最高学部の講義「質的研究入門」で小説を書いている学生さんがその執筆のプロセスを「オート（自己）エスノグラフィー」にするとき、「ある高校生の作品」として紹介したときのラジオ番組でした。

こうした私の幸運な（?）経験—断続日記を書き続けた経験、たまたま先生に褒められた経験―をもつ読者のみなさんばかりではありませんよね。こんなことを書くと、「それはあなただからできる記録のすすめなんじゃないの？」とか、かつて言われたように「それはきみのナリック・ワールドあってのすすめでしょ？」という声も聞こえてきそうです。

しかし、ご安心を！第三章「これからを見通すために、これまでを問い直し続けませんか」をお読みになりましたか。読み飛ばした方、舞い戻ってください。すでにお読みになった方ももう一度お読みになってください。多様な「見通し問い直し（Reflection）」の方法、多様な表現形式の中からご自分にフィットする方法・形式を自己選択・自己決定・自己実践してみてはどうでしょう。

今しがた、昔話を書きましたが、古典的な記録法「日記」もいいかもしれません。中村白葉さんの言葉通り、ともかく空白の期間があろうがなかろうが、続けることです。

毎日は書けないが、定期的に書き続けたいという方は、「週記」はどうでしょうか？　またまた造語癖の私が作り出した言葉です。

かつて中学校社会科（歴史）の教師をしていた、インターネットもない時代のときのこと。まだ、家庭で新聞を定期購読していた時代だからできたことですが、といっても毎日、新聞を読み、切り抜き、スクラップ・ブックを作るのではなく、主な新聞に「週刊報告」「重要日誌」などといった名称で掲載されていた内外の一週間の出来事のダイジェスト記事を週一回切り抜き、大学院ノートに貼り、その下に記事に関するコメントを書き、また、その一週間に自分に起こった出来事を「週記」として書き添える課題「現在史（今作られつつある歴史）年表づくり」を生徒に課していました。週刊報告などの掲載が各紙になくなってしまったあとは、週に一度だけ自分が気になった記事、ただし「社会」にかかわる記事を一つ選び、切り抜き貼り付けることにしました。

ある日、中学生の真理子さんが「宝塚歌劇団に関する記事でもいいですか？」と尋ねてきました。「宝塚の記事でも社会につながりかかわりがあればいいよ」と答えると、真理子さんは喜んで宝塚歌劇団に関する記事を集めては貼り、記事に関するコメントを書き、「週記」を書き添え続けていきました。この課題は、毎回のコメントと「週記」だけではなく、学期の終わりなどに「現在史年表」を提出するとき、切り抜いた記事・コメント・「週記」を読み返して、中間総括コメントを書くことになっていました。「現在史年表」という記録は、今でこそいう、まさに「見通し問い直し（Reflection）」でした。ちなみに、真理子さんは高校進学をしたあと、なんと「宝塚歌劇団」に入団してしまいました。もうすでに退団されましたが、宙《そら》組の「織花なるみ」さんになっていきました。

第三章では、多様な「見通し問い直し（Reflection）」の方法の事例については書いていませんが、こんな方法もあります。それは、岡本茂樹さんがお書きの『ロールレタリング―手紙を書く心理療法の理論と実践―』（金子書房、二〇一二年）にある「役割交換書簡法」という方法です。

これは、私は実践したことがないので、リアルにエピソードを語ることはできないのですが、寮美千子さん・松永洋介さんがかかわられた、あの「奈良少年刑務所」で少年受刑者が行っていた方法です。これは、寮さんや松永さんと一緒に「社会性涵養プログラム」を担当されていた刑務所の教育専門官の竹下三隆さん（ロールレタリング学会）が実践されていた方法です。アンジェラ・アキさんの「手紙～拝啓 十五の君へ～」（二〇〇八年NHKみんなのうた）という曲は、未来の私と十五歳の私との間で交わされる手紙ですが、これはロールレタリングの手法で創られた楽曲だといってもいいのではないでしょうか。未来と現在や過去の自分との間で交わされる「役割交換書簡」だけではなく、私と親兄弟姉妹、私と友人や先生との間で行われるロールレタリングという記録もあってもいいのではないでしょうか。ただし、第三章でお示しした多様な方法・多様な表現形式に通底するのが、「解題」を書き加えることでした。なぜ、その「作品」を書いたのか、そのときの自分を「離見の見・目前心後」（世阿弥『花鏡』の言葉）で観ることです。私を観ている目の前の人の目や自分のことを背後や上空からもう一人の自分の目で観た記録を書くことが大切です。ときを隔ててでも結構です。「解題」を書くか、語ることを試みてください。

新聞を活用したＮＩＥ（Newspaper in Education）の意義は失われてはいませんが、個人や家庭での新聞購読者が減りました。こどもたちもおとなたちもネット上のニュースやＳＮＳの情報に振り回されています。だからといって、遮断することは不可能です。そこで先に挙げた「現在史年表」的な手法で「記録」を残してゆくのもいいかもしれません。

紙のノートにしても、非公開のブログなどに書き残してゆくのもいいのではないでしょうか。あまり参考になることではありませんが、あるブログでは、公開・非公開を選択できるものがあり、私は講義ごとにあった「記録」のためのブログのほかに、そうした非公開のブログも一つもっています。まさに非公開のデジタル日記ですね。この本は、これまで書き残してきた紙ベースの記録だけではなく、いやむしろ、Web Site上の公開・非公開のブログ、二〇二〇年の夏から始めたNoteの音声記録を活用しながら書き進めています。あなたにフィットする方法で学びや暮らし・仕事の「ことのはじめ・なか・おわり」の「見通し問い直し（Reflection）」をもとに記録を残していきませんか。もちろん、書けない・書かない・書きたくない「離脱の自由」はありますし、三日坊主や三か月坊主、三年坊主になっても、いつでも再開できる「帰還の自由」もあります。

もし、この章まで読み飛ばしてこられた方がいらっしゃれば、もう一度、ページをめくり直してみてください。Education の新訳「涵養成る／化育成ること」とリハビリに向かって、ご自分の学びや暮らし・仕事のデザインとその過程（履歴）をつながりのあるものとして読み解き直してみてみましょう。

・ねらいを問いのかたちに？　・プランは逆向きデザインで？
・これからを見通すためにこれまでを問い直す？　・記憶を記録に残し、未来につなげる？
・もし「ねばならない」という思いを抱きながらの試みをなさっているとしたら辛いですね。

「無理ない範囲で、試した時点で大成功！」冠地情さん（イイトコサガシ代表、本名）の名言を共有しませんか？

学びとしての多様な表現方法

実践記録としての「創作叙事詩・解題」と「表情イラスト」

もともとこの本は、自由学園の教職員や先生をめざす大学生や大学院生など、旧訳「教育」につながりかかわる方々向けに書き始めたものでした。

記録についてもいわゆる先生方が多様な表現形式でお書きになった実践記録をご紹介することにしていました。

この本を読んでいただきたい方々を広げ、先生や先生をめざす方々以外の中学生くらいから、日常生活の中でいろいろな学びや暮らし・仕事をしておられる方々に問い語りかけるかたちで書いてきましたが、学校というフィールド（現場）における多様な実践記録の事例については、上のQRコードからご覧いただけるようになっていますので、ご興味やご関心のある方はそちらにジャンプしてご覧になってください。

ここでは、自由学園のお二人の先生のとてもシンプルな実践記録をご紹介いたします。

つながるはるけさ　　近藤紫織

夢の鳥は青い鳥ではない
教室にはばたいてきてくれた瞬間もあった

まがいものから目をそむけず
自分の中、まがいものに埋もれているかもしれない、そのすきまに
幸福ともわかりやすさとも異なる
物語のはるけさがあるのだ

「解題」

結局、私が授業で伝えたかったことは、はるけさ、美しさ、わかり合えないからこそ、言葉を尽くしてきた人間の営み、そんなものに集約されるのかも。本当は文法も漢文も文の向こうの人々に会いたいのだ。つまり、物語に会いにいく教科なのだ。（近藤紫織）

近藤さんは、自由詩の形式による「見通し問い直し（Reflection）」のほか、「表情イラスト」

も試みられました。「表情イラスト」については、上のQRコードからご覧ください。

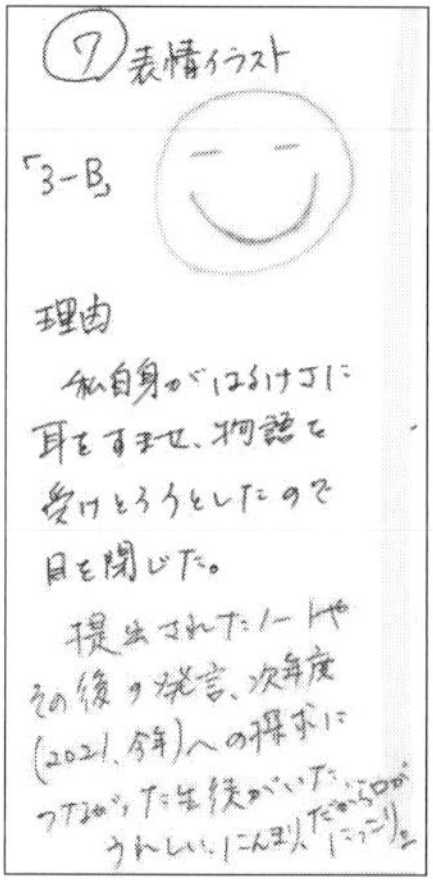

図　近藤さんによる「表情イラスト」

log に喰らいついてくるK君へ　　高田貴

そんな抽象的なことは
まったくわからない、
わからないんだよ
と心で叫びながらも
必死にノートを取って喰らいついてくる
何度でも質問してくる

その君の姿勢を垣間見るだけで
僕は新たな説明を試みたくなる
心が教えたい、伝えたいという想いに満ちて
僕に何ができるのか、
君に伝わる説明は何か、

表情イラストについて

を考えずにはいられなくなる

「解題」

K君は多めの学習支援が必要な場合もある人ですが、その彼が、一学期間を通して一番、一生懸命ノートを取り、演習ノートもわからないながら答えを写しながら考え、何度でも質問して、板書が速いときには「ちょっと待ってくださいい」と言い、授業に向かってきてくれました。その彼がわかるような説明を考えることに実は数学の味わいがある。一見当たり前のようにしている操作がなぜ成り立つのか、どこを共有すればその概念が伝わるのか、エッセンスは何か、彼の質問に答えようとしていたとき、僕は数学の森の中で至福のときを味わっていたのかもしれません。そして、それが伝わったときの喜びは、なかなかほかでは得られるものではないと思っています。（髙田貴）

この本を書いているとき、髙田さんからこんなメッセージをいただきました。「改めて、詩を読んでみると、そのときのことが、ありありと思い出されますね。」と。

これは、はじめ・なか・おわりにある「見通し問い直し（Reflection）」の中でも、先生ご自身のことなかさなかの「学びとしての表現」作品です。この作品がいかなるカリキュラムデザインの中にあったのか、「e－カリキュラムデザイン曼荼羅（シート）」を事前に描いておくか、半ばから描き始めるが、終わりに明日を見通すための記録として「e－カリキュラムデザイン曼荼羅（シート）」に描き残してゆくこともできます。また、先生がなさった「見通し問い直し（Reflection）」を生徒たちにフィードバックしていけるといいですね。

きっと生徒たちは、「先生はただ教える人だけではなく、常に自分の学びを多様な表現形式を使って見通し問い直し（Reflection）しているのね」と、こどもとおとなの「学びが同じ型（同型性）」をしていることを知り、将来の自分の姿のイメージを広げ深めることができるのではないでしょうか。学校の先生や先生をめざす方ではない方も、ご自分の日常生活にある学びや暮らし・仕事の記憶を「記録」に書き残していってみませんか。

さあ、次はいよいよ最終章です。

第五章「あなたと私、ライフヒストリーのデザイナーになってみませんか――『未来は過去に影響する』今、ここで試みる――」を読み進めましょう。

2023年3月、東久留米市学園町にて、筆者撮影）

「あなあきの木」

一本の樹木に穴が空いている。
それでも木は生きている。
その穴には風が吹き抜け、吹き来る。
あなたと私は穴のこちら側にいて、
穴の向こうに新しい枝葉の輝きと、
そなたのヒトの住まう窓を感じる。
あなあきの木は、あなたと私、そなたに、
今ここを越える学びと暮らし・仕事、
新たな「まなくら」を予感させてくれる。

寺澤 満春

第II部

第五章

【あなたと私、ライフヒストリーのデザイナーになってみませんか】

「未来は過去に影響する」今、ここで試みる

【あなたと私、ライフヒストリーのデザイナーになってみませんか】

「Education／教育」のリハビリとは、私とあなたの日々の学びや暮らし、仕事の中にあります。家庭や学校・大学、地域・NPO法人・企業、行政などの大きな組織をリハビリするのではなく、そこにいるこどもとおとな、後輩と先輩、児童生徒と先生、学生と教授、研修の受講者（部下）と主催者（上司）との関係性の中でリハビリが行われるかどうかです。かつてこどもだった親が、かつて後輩だった先輩が、かつて児童生徒だった先生が、かつて学生だった教授が、かつて受講者（部下）だった主催者（上司）が、学びや暮らし、仕事し続けてきた自分のライフヒストリーを、これから先をどう切り拓くか、未知－未来のヒストリーからデザインし、現在・過去へとさかのぼりデザインしてみる。そして、今ここ現在に舞い戻り、自分のライフヒストリーを描くとても長くて大きなリフレクションを試みることです。「自分史」を書くなんて大変だと思うかもしれませんが、二十分から三十分程度で描ける「ライフヒストリーデザイン曼荼羅（シート）」がありますので、ご安心を。

ぜひ、本章を読み進めてみましょう。

(1) ライフヒストリーデザイン曼荼羅（シート）への誘い

これまで（第Ⅰ部から第Ⅱ部の第四章まで）は、なぜ、Education／教育をリハビリするのか、そのリハビリをどのように行うのか、具体的に述べてきました。

さて、本章では、Education／教育をリハビリする究極の方法を一緒に思い考えていきませんか。それも、これまで声をかけてきた方々は、もともと大学院に自らの意思で来ておられる「現職教員院生」と将来教員になろうとしている「学部卒院生」でしたが、そのあと、自由学園における大学生や高校生とライフヒストリーをデザインするワークショップを行ったり、公立小学校の校内研究会で先生方が自らワークショップを行ったりしておられることを知りました。さらに、私が大学や学校を離れて、一生活者市民としての学びと暮らしをはじめ、また、縁あって始めたラジオ・パーソナリティ（TOKYO854くるめラ）の番組づくりを通して、世代や職種を超えたリスナーさんとおたよりを交わし合うことによって、今まで出会ったことのない方々の未知のライフヒストリーの一コマに出会う機会をいただきました。

例えば、壁画アーティストの大小島真木《おおこじままき》さんの創作活動を丁寧に追いかけながら、記録（DVD）を制作なさってきた小日向恵美子さん・明さんご夫婦（東久留米市在住）のライフヒストリーの一コマやエピソードに触れるたびに、お二人が未来をどうデザインされているのか、またそれに連なる現在と過去との対話がどんなふうに紡がれてきたのか、無性に気になり始めました。そこで、ここでは学校や大学のように教室や講義室で対面しながら「ライフヒストリーデザイン曼荼羅（シート）」の描き方を説明してゆくのではなく、ラジオなどで耳から入ってくるお話だけで、シートの描き方がわかり、やってみたくなるようなお話をしたいと思います。

①まず、なぜ、「ライフヒストリーデザイン曼荼羅（シート）」を描くのか、目的についてです。一般的に物事を始めるとき、ねらいやめあてなど目的を定めてから、それをめざしてことを進めることが多いのではないでしょうか。ここでは、しっかり目的を定めて進む道を選ばず、むしろ、「ライフヒストリーデザイン曼荼羅（シート）」を描きながら目的を創ってゆくというスタイルで進めていこうと考えています。もし、目的が明確に示されないと始められないという方は、「離脱の自由」を発揮し、この場から立ち去るか、上のＱＲコードからかつて目的に触れたラジオをお聴きになるかなさってはどうでしょうか。

②「ライフヒストリーデザイン曼荼羅（シート）」の描き方のお話を進めましょう。手元にある広告

の裏紙や無地の用紙などがありましたら、目の前に置いてみてください。用紙は横置きにしておきましょう。今、手元に用紙がない方は、話を読み進めてみてください。

③　鉛筆など筆記用具を用意し、その用紙いっぱいに大きな楕円を描きます。その線をドーナツの外側のふちだに見立てて、中程にドーナツの穴を描いてみてください。

④　できたドーナツを四等分するように、縦に線を引きます。ただし、ドーナツの穴のところは線を引きません。また、同じく左右にも線を引きます。

⑤　ドーナツの右上から時計回りで「遠い過去」、右下に「近い過去」、左下に「現在」、左上に「未来」が待っている場所です。描けましたか。

⑥　さあ、いよいよ描きますよ。一般にヒストリーは、過去から現在、未来へと進んでゆくといわれていますが、このライフヒストリーをデザインする「曼荼羅（シート）」は、「未来」から描きデザインしていきます。なぜでしょうか。それはまだ秘密です。どうしても知りたくなってしまう方は、のちほど出てくるQRコードからラジオ&サイトに飛んでみましょう。目的や理由を求める前にご自分で試みてみませんか。もちろん、どうしても過去から描きたいという方は、どうぞ。私からの提案への「離脱の自由」もありますから。

⑦　そうそう、未来から描くといってもなかなかイメージできない方もいますよね。その場合は、「未来」は空白のままでもOKです。「未来」は描けない、描かない、描きたくない方は空白にしてお

いてください。今ここで空白になる意味もあるはずです。

⑧ さあ、「未来」から描き始めてみましょう。ただし、このライフヒストリーをデザインするとき、じっくりゆっくり時間をかけて描いてゆくのではなく、今ここで、二十分から三十分程度で思い立ってくる「未来」「現在」「近い過去」「遠い過去」の順に描いていきます。

⑨ 「未来」から描いてゆくので、時間切れで「遠い過去」が描けなくなることがあるかもしれませんが、気になさらずに描けたところでシート全体を眺めてあなたのライフヒストリーに題名を付けてみましょう。ドーナツの穴のところに書いてみましょう。また、描き終えたところで題名を書くのではなく、ライフヒストリーのデザインを始める前にドーナツの真ん中にお好きな「テーマ」や「キーワード」を書いてから「ライフヒストリーデザイン曼荼羅（シート）」を描くのもいいですね。

【描き終えてから題名を付けるか、テーマを決めてから描くか】

⑩ 「ライフヒストリーデザイン曼荼羅（シート）」を描き終えたあと、題名と全体を眺めながら、改めて気づいたこと、今思い出したことなど、四隅の余白に書いてみませんか。そうそう、この「ライフヒストリーデザイン曼荼羅（シート）」を描いた年月日を書いておきましょう。そして、数か月後か数年後か、再び描いてみましょう。同じライフヒストリーを生きているはずのあなたですが、「今ここで」デザインされるヒストリーが違ってみえてくるから不思議です。その時々の「未来」や「現在」が異なってくるのはわかりますが、その時々に思い立ってくる「過去」さえも異なってくるの

はなぜでしょうか。

「過去は変えられないが、未来は変えられる」という言葉をよく聞きますが、記憶の奥底にあるいつもとは違う「過去」が立ち現れてくることがあるようです。

【未来は過去に影響する】

(2) ライフヒストリーのデザインを試みられた方の「声」を聴いてみませんか？

「TOKYO854 くるめラやスタエフ（stand.fm）のラジオ・パーソナリティ「なりっち」こと成田喜一郎のラジオ番組の中で「あなたもライフヒストリーのデザイナーになってみませんか？」と呼びかけたところ、学校の先生や生徒、大学生たちではない方々で試みた方がいらっしゃいました。実際、「ライフヒストリーデザイン曼荼羅（シート）」（以下、曼荼羅）」をお描きになったお一人、やまとあきこさんと私とで曼荼羅をもとにワークショップを試みることができました。お互いの曼荼羅をもとに五分ずつ語り合い、そのあとの約五分でフリートークをしていきました。計十五分程度のワークショップでした。

あきこさんのお描きになった曼荼羅（図1）のタイトルには「二つの未来」とあり、未来の象限には「①ナレーターなど声に携わる仕事をする　②AWS（クラウドプラットフォーム）のエンジニアになる」と書かれていました。そして、その二つの未来につながる現在と近過去の記述がなされ、遠過去（こども時代）の象限には「四歳のころ、歌手になると言ってよく壇上で歌っていた。中学生のころ、プログラマーに憧れてMSXを買ってもらった。声優に憧れていた」との記述がなされていました。

私の曼荼羅（図2）のタイトルは「なりっちのこれまでとこれから―古稀／古希の七十歳は今ここにいる―」で、未来の象限には、「最期のとき、好きな楽曲やラジオをかけていてほしい。ホリスティックな学びと暮らしなどに関する本を書き続けている。ラジオ・パーソナリティーをしている」と書いてあります。現在・近過去の象限にはライフヒストリーのデザインをすすめるラジオ放送のこと、一九九四年以来のホリスティックな学びとケアに関する研究‐実践について記述されています。お互いの話を聴き合って、共通していることがあったこと、それも二つの未来につながる現在と近・遠過去があったことでした。曼荼羅を描き、ワークショップを終えたあとの感想は、次の通りでした。

あきこさんは、「曼荼羅を描いたことで、自分の未来への希望と過去の出来事、気持ちがすっきりと整理されました。多分このあと、違ったやりたいことができたとき、また思

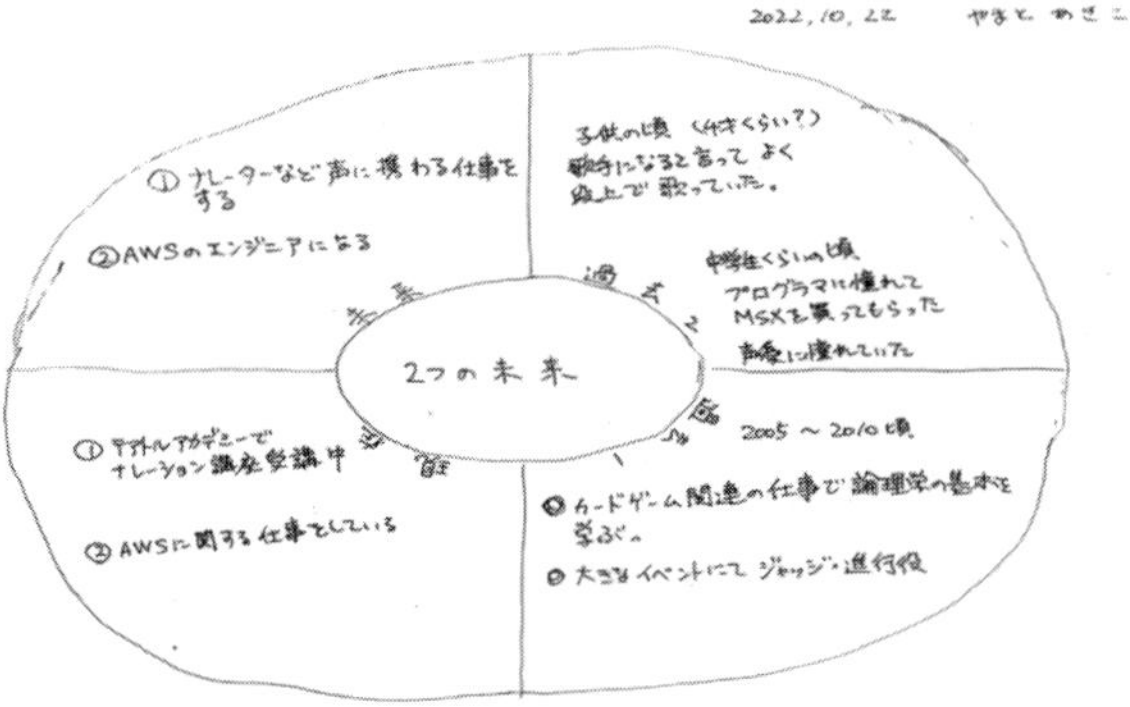

図１　やまとあきこさんの「曼荼羅」

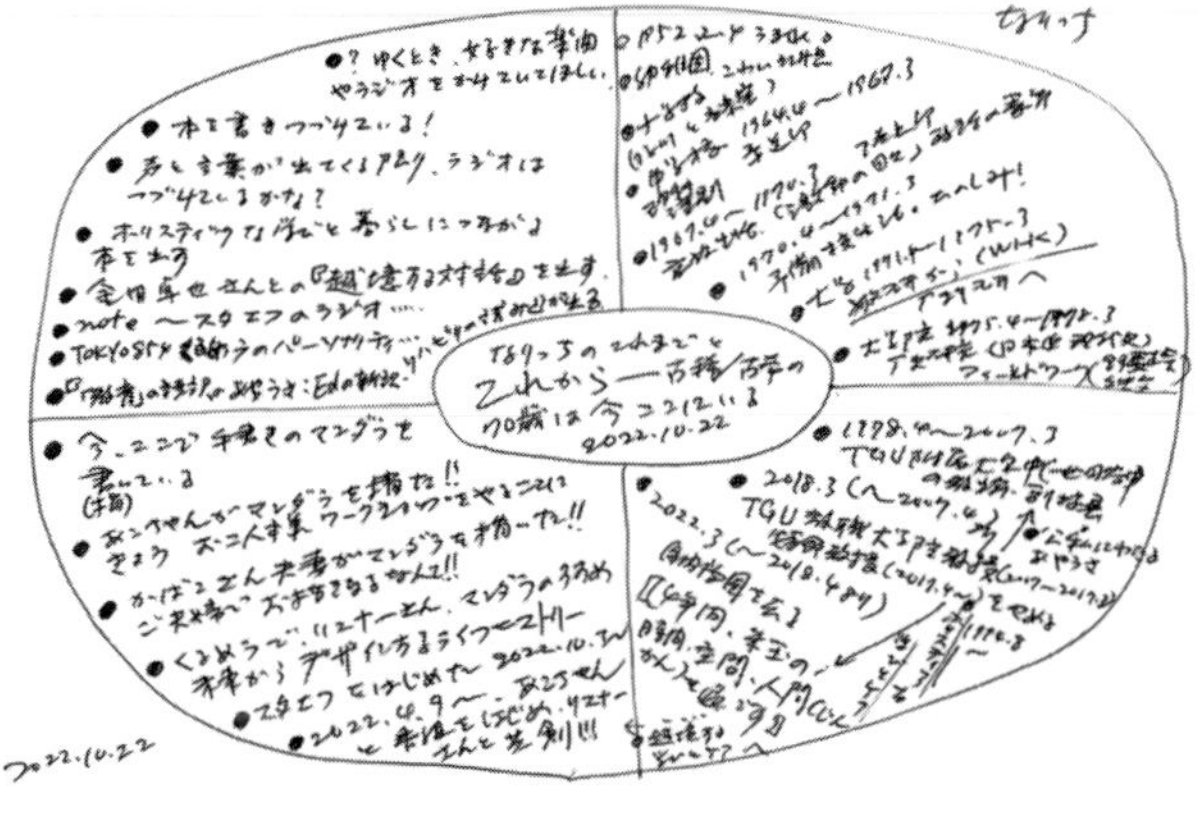

図２　私（なりっち）の「曼荼羅」

い出して整理された過去が自分の中から呼び出されると思います。また、なりっちさんとWSを行って、なりっちさんの過去や未来について書かれていること以外でもいろいろ質問することができて、ほんの少しですが、なりっちさんのことを理解することができました。短い時間で質問したり、答えたりでお互いの理解が進んだことはすごいと思います。また、機会がありましたらやってみたいと思います」とのことでした。

あきこさんの未来と現在の象限には「二つの未来」イメージが描かれ、期せずして私の未来と現在の象限にも、「①本を書き続けることと、②できる限りラジオパーソナリティーを続けること」の二つの未来が描かれています。二人の生きてきた／いる世代は異なりますが、一途一心に何かを追い求めるタイプではなく、焦点が二つある少し歪んだ円、「楕円」（楕円の思想）を体現しているといっても過言ではありません。

また、二人の曼荼羅が異なるのは、未来の象限で七十を越えたなりっちにあって、若いあきこさんには描かれていないことでした。それは、曼荼羅を描き続けてきたなりっちが二〇二一年の夏ごろから描き始めた「最期」のイメージです。

それは、二〇二〇年十月に古くからの友人と大学院を修了した現職院生が同日に亡くなるというグリーフ（深い悲しみ）の真っ只中で、ホスピス緩和ケアのミュージック・セラピスト・佐藤由美子さんと出会い、ミュージック・セラピストがグリーフと出会うときの話をお聴きしたり、ご著書『戦争の歌がきこえる』（柏書房、二〇二〇年）を拝読したりしてきたことからです。終末期を迎えた方が意識をなくし、反応できなくなってゆくとき、最後に残る感覚は「聴覚」だということを、改めて具体的に知ることができたからです。そして、なりっち自身、残された歳月は今までのようにそう長くは残されてはいない年齢に差しかかってきたからでもあります。世代の異なる若いあきこさんは、初めて曼荼羅をお描きになったのですが、この先、何度かお描きになることがあるとすると、その曼荼羅に描かれるヒストリーにどんな変化が見られるでしょうか。また、タイトルを変えてみると、どんなヒストリーに変わってゆくのでしょうか。今回、未来からデザインする曼荼羅でしたが、遠い過去の記憶を想起しながら描くと、どんな曼荼羅が描かれるでしょうか。

なりっちこと成田喜一郎も過日、「わたしのライフヒストリーのデザインと『建築』とはどのようなつながりがあるのか」という「建築」というテーマを中心とした問いを設定し、なおかつ「e－カリキュラムデザイン曼荼羅（シート）」の描き方に倣って「問い」を中心に小文字の「e」を描くように「起」「結」「転」「承」の順で曼荼羅に描く要素を順に列挙してみました。未来への期待や希望からデザインする曼荼羅であっても、具体的なキーワード「建築」を含む問いをベースにデザインする曼荼羅ではまったく異なるライフヒストリーになっていきました。

(3) 自由学園最高学部の科目「越境する教育学入門」での試み

この科目の二〇二〇年度シラバスには次のような到達目標・計画等がありました。

【ねらい】

・越境する教育学、すなわち「つながり・つりあい・つつみこみ・つづく／つづけるホリスティックな学びを引き出す営み」とは何か、その実践・経験と理論・哲学とを架橋・往還しながら学び究める？

【到達目標】

・自他のライフヒストリーの中から越境する教育学の実際を読み解く？
・越境する教育学を支えるホリスティック教育／ケア学の理論と哲学に触れる？

【計画】

（1）オリエンテーション：講師と受講者との出会い、本講義のねらい（問い）の共有
（2）前時のリフレクション・ワークショップと次時への見通し①
（3）ライフヒストリーデザイン曼荼羅・ワークショップ

（4）前時のリフレクション・ワークショップと次時への見通し②
（5）ライフヒストリーの中の越境する教育学講義
（6）前時のリフレクション・ワークショップと次時への見通し③
（7）ホリスティック教育／ケア学理論と哲学の俯瞰
（8）前時のリフレクション・ワークショップと次時への見通し④
（9）越境する教育学の可能性
（10）講義・ワークショップのリフレクション・ワークショップと将来への見通し

【評価方法】

必修：多様な評価方法から各自が選択し行う　　自由：正真正銘の自由課題レポートを書く

【学生に望むこと】

次の四つの問いへの応答をめざしてほしい。

①「問い直し／見通し（reflection & contemplation）」を行えるか？
②「つながりへの気づき（holistic approach）」に出会えるか？
③「永続的な問い（essential questions）」を探し、愛せるか？
④「記憶から記録（documentation）」を残せるか？

二〇二〇年度は、コロナ的状況下にあったため、四月から講義を開始することはできませんでした。実際、講義が始まったのは五月十八日からで、しかもすべてオンラインでの講義で展開されていきました。二〇二〇年度シラバスは、コロナ的状況に入る前に策定され、事前に学生たちに示されていました。二〇一八年度及び二〇一九年度の学生及び私（講義者）のリフレクション（見通し問い直し）を踏まえ、大幅に改訂しました。その改訂のポイントは、次の通りです。

・できるだけ網羅的な講義内容を縮減するため、内容を精選する。
・学生同士によるリフレクション・ワークショップ（ＷＳ）の機会をもつ。
・学生同士の理解のためライフヒストリーデザイン曼荼羅・ＷＳを行う。
・ねらいと獲得目標をめざし多様な評価方法を自己選択する機会をもつ。
・学び究める過程で常に四つの問い（①〜④）への応答をめざす。

このシラバス改訂は、期せずしてコロナ的状況下でオンライン講義になってしまったことへの追い風となって、功を奏するかたちとなりました。

特に、前時のリフレクションが次時の「見通しのための問い直し」となり、また、ライフヒストリーデザイン曼荼羅・ワークショップという長いスパンでのリフレクションの機会と深い他者理解の機会になりました。結果として、シラバスをオンライン講義で全展開したのにもかかわらず、学生たちの最終レポートの質はこれまでの講義の比ではないくらい、高く深いものになりました。この講義の中で行われた「ライフヒストリーデザイン曼荼羅・ワークショップ」をめぐる学部四年生の膳場美緒さんのエピソードを紹介しましょう。

「ライフヒストリーデザイン曼荼羅・ワークショップ」は、それぞれ描いてきた「曼荼羅」を画面共有しながら自分のライフヒストリーを五分ずつ語っていきます。受講者八名が二週に渡って、自分のヒストリーを語り終えたあと、学生同士がフリー・クエスションやフリー・トークをしていきました。そのとき、美緒さんが発表した曼荼羅は次頁の図の通りです。美緒さんの「曼荼羅Ⅰ（5/30）」の中心テーマは「私は誰なのか?」で、誕生から十二歳の象限「ルーツ形成」（のびのび遊ぶ・バスケ）、十三歳から十九歳の象限「路頭に迷う」（中等科二年の半ばで公立中学校への転校、そして復学・バイト中心の生活）、二十歳から二十一歳の象限「考え始め」（フィリピン留学・ブータン旅行、変化の兆し）、しかし、コロナ的状況下、未来の象限は「見えない」（空白）でした。

美緒さんは、そのあと、講義の終盤、自ら再び「ライフヒストリーデザイン曼荼羅」を

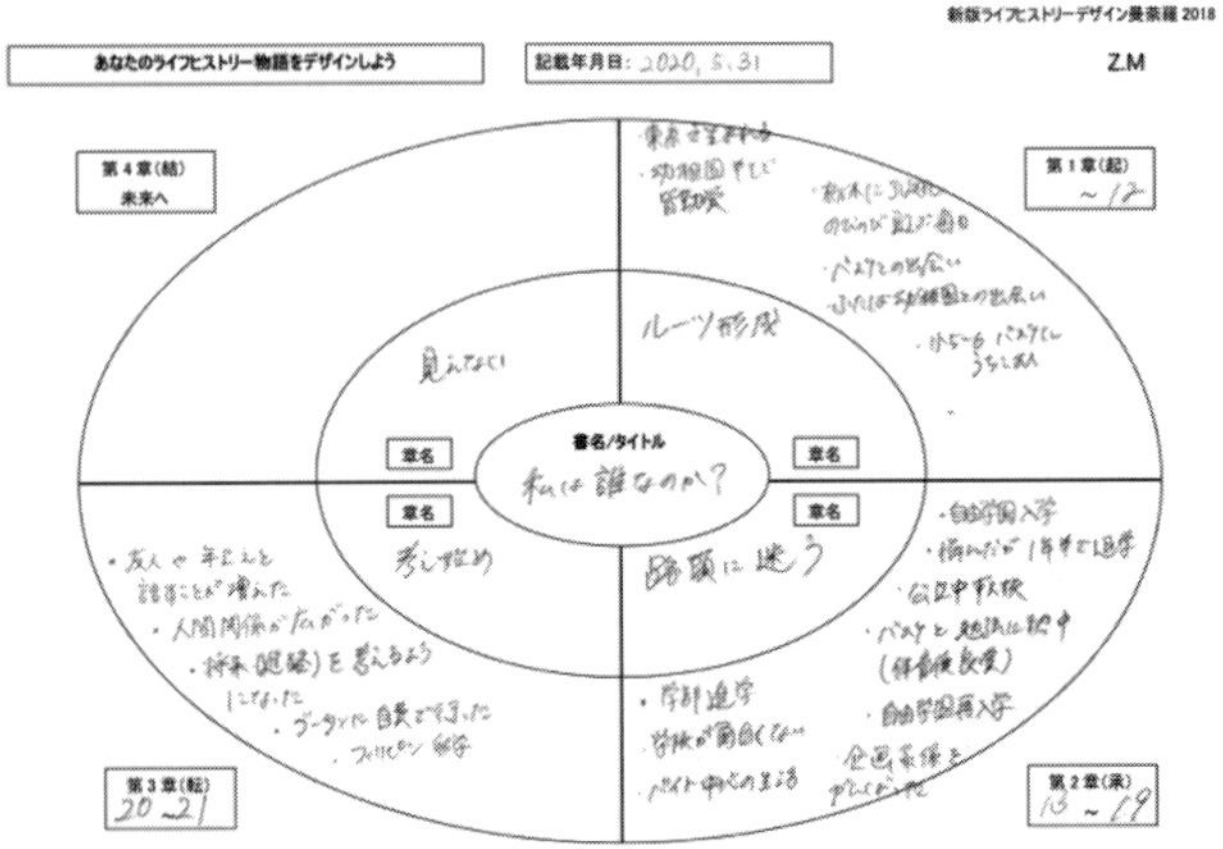

図　美緒さんのライフヒストリーデザイン曼荼羅Ⅰ（5/30）

描いていきます。たった二か月しか経っていませんが、「曼荼羅Ⅱ（7/28）」の中心テーマは「私は誰なのか?」から「知・徳・体を融合する」へと変わっていきます。

誕生から小六の象限「中も外も気にしない時代」、中一から高三の象限「外に目が向いた時代」、学部一年から四年の象限「中に目が向く時代」（特に学部四年でリモート講義・卒業研究・読書に集中し、知識獲得から思考へ、そして対話が生まれる）、未来の象限「中と外を融合する時代」（教育か?街づくりか?地球と人が豊かになる社会のしくみづくりをめざし、学部卒業後、さらに進学を考える）となり、自らのライフヒストリーのデザインに積極的なかかわりをもってい

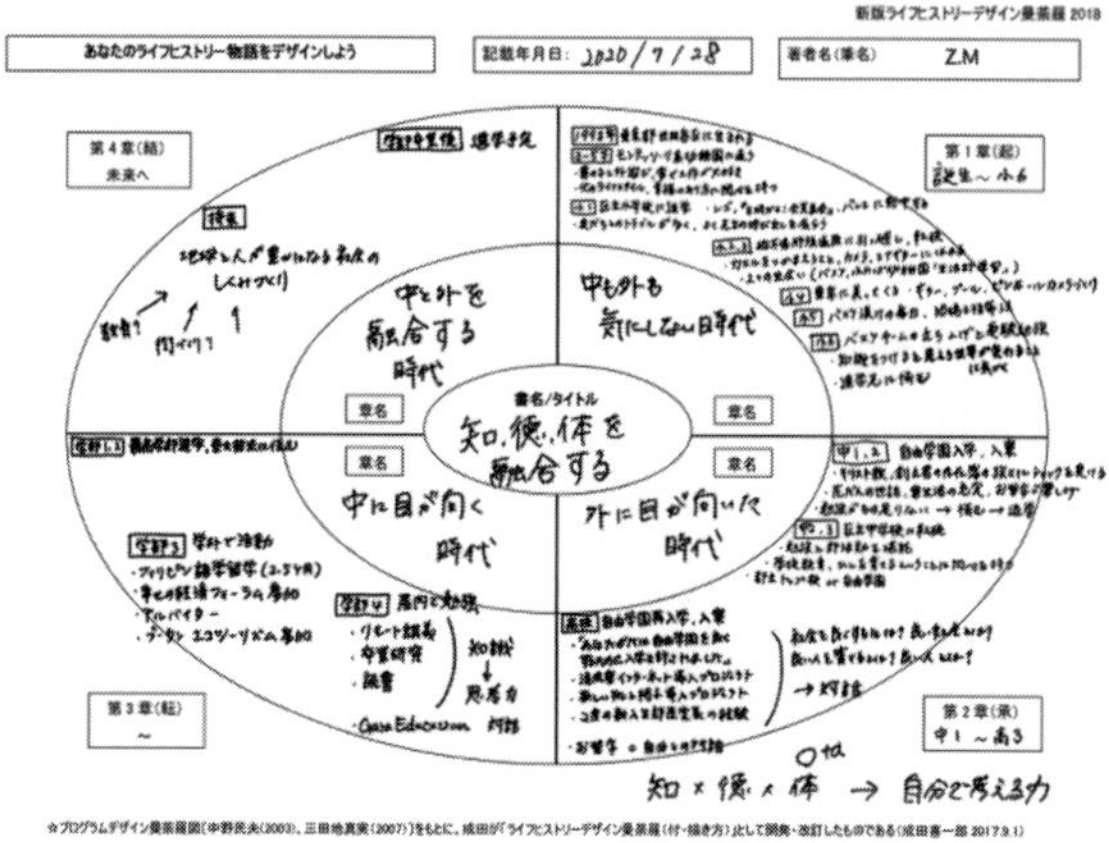

図　美緒さんのライフヒストリーデザイン曼荼羅Ⅱ（7/28）

きました。そして、「曼荼羅Ⅱ（7/28）」をもとに、母校の中等科・高等科時代の先生方と対話がしたいと申し出、オンライン・ミーティングを企画・実行していきました。

　まさに、美緒さんは、長いスパンで、これからの未来を見通すためにこれまでの過去を問い直す「ライフヒストリーデザイン曼荼羅」を繰り返し活用していきました。そして、この本を書く過程で美緒さんに連絡をとり、このエピソードの掲載のお許しをいただけるか、お電話をしました。すると、どうでしょう。「もちろんＯＫです。実名でも！」と快くお許しをくださいました。

　二〇二〇年度の「越境する教育学入門」は、コロナ的状況下にあって、先に挙げたシラバス改訂方針のもと、確かに功を奏した感がありました。ここでは、美緒さんのエピソードしか取り上げられませんでした。しかし、改めてことのはじめ・なか・おわりに「見通し問い直し（Reflection）」の機会をもつことによって、講義者が意図した網羅的体系的な内容を学生たちに伝達・伝授する、学生たちはその体系的な内容を受容・学習するという従前からある関係性を越えていきました。

シラバスにあったねらいは、学生たちと講義者である私に「越境する教育学、すなわち、「つながり・つりあい・つつみこみ・つづく／つづけるホリスティックな学びを引き出す営み」とは何か、その実践・経験と理論・哲学とを架橋・往還しながら学び究められるか」という問いへの応答を続けていったといっても過言ではありません。

そして、常に学生たちと私の間には、「自他のライフヒストリーの中から越境する教育学の実際を読み解くことができたか、越境する教育学を支えるホリスティック教育／ケア学の理論と哲学に触れられたのか」という獲得目標も問いのかたちとしてあり、学生たちの最終レポートには、その成果（果実）と課題（種）が結実していきました。

改訂方針にあった「ねらいと獲得目標をめざし多様な評価方法を自己選択する機会をもつ」ことは、オンライン講義となったことによって講義者の私が想定していない評価対象の選択肢を学生たち自身が創り実践していったのです。

これまでリフレクションやレポートは、A4判の用紙に記述された言語で提出するかたちが常であったのですが、ある学生は、友人にインタビュアーになってもらい、自分はインタビュイーになり、応答してゆくかたちで自らのリフレクションの「果実」と「種」を

観点・尺度	素晴らしい！	いい感じだ！	いま一歩だ！
知識・理解	越境する教育学とは何か、例えや言い換えをしながら自分の言葉で、他者に説明できている状態である。	越境する教育学とは何か、他者に説明できている状態である。	越境する教育学とは何か、他者に説明できているとはいい難い状態である。
思考・判断	そのパフォーマンス課題に取り組んだ理由や根拠が複数挙げられ、論理的な記述がなされている状態である。	そのパフォーマンス課題に取り組んだ理由や根拠が挙げられ、論理的な記述をめざそうとしている状態である。	そのパフォーマンス課題に取り組んだ理由や根拠が明確ではなく、論理的な記述とはいい難い状態である。
学問的誠実性	作品の根拠となる複数の文献や情報が正しい表記法で、出典明示がなされている状態である。	作品の根拠となる文献や情報1つまたは1種類が表記され、出典明示がなされている状態である。	作品の根拠となる文献や情報が十分に表記されておらず、出典明示が不十分な状態である。

表　年度の途中で示した「ルーブリック」

2022.10.15 現在、成田作成

読む・聴く　「創発／emergence」を別な言葉で:「ふっ立つ」と「経立（ふったち）」

発表していきました。ある学生は、最終レポートも記述言語化された書字文化内容だけではなく、学び究めた「果実」と「種」をイラストと文字で記録・表現してゆく「グラフィックレコーディング」の手法を援用して提出してきました。

美緒さんは、提出日にＺｏｏｍの画面共有と記録機能を使って発表し、そのあとの質疑や私との対話を記録し、約三十分の最終レポート動画を提出していきました。

こうした学生たちからの評価対象の自己選択の提案と実践がなされていきました。まさに、講義者が想定していなかったことが「ふっ立つ」という「創発（emergence）」現象がみられました。こうした多様な評価対象を評価する目安として、シラバスの展開過程で学生たちが繰り返す学びのリフレクションを踏まえ、私はルーブリック（学び手のパフォーマンスの成功の度合いを示す目安となる尺度と、それぞれのレベルに対応するパフォーマンスの特徴を想定した「記述語」で構成される評価基準表）を作成し、学生たちに提示していきました。とてもシンプルなルーブリックですが、学生たちはこれを目安に最終レポートを作成していきました。この自他の評価の目安となるルーブリックは、年度当初に示したものではなく、年度の途中で示した点に意味があったと思います。学生たちのリフレクション・ワークショップを繰り返し、私自身が観察と対話を行い、講義者としての私自身のリフレクション（見通し問い直し）を繰り返しながら作成してきたものです。

二〇二〇年度は、このルーブリックで自己評価・相互評価を経て、最終的に講義者である私が総合評価を行っていきました。翌年の二〇二一年度は、昨年度のルーブリックとして学生たちに提示しましたが、リフレクション・ワークショップを経て、学生たちがルーブリック自体を加筆・修正版を援用して評価してゆくことになりました。

以上、長々と自由学園で行った「越境する教育学入門」の中で行った「ライフヒストリーデザイン曼荼羅・ワークショップ」の話を越えて、「ねらいを問いのかたちに」「プランの逆向きデザイン」「ことのはじめ・なか・おわりにある見通し問い直し（Reflection）」のプロセスを経て、学び（暮らし・仕事）の「履歴（Hi-Story）」の「記憶を記録に残す」試みをしてきました。その「記録」の中で「ライフヒストリーデザイン曼荼羅（シート）」という長いスパンを通して「見通し問い直す（Reflection）」意味を、美緒さんを中心とした学生たちの学び（暮らし・仕事）の姿から垣間見ることができたのではないでしょうか。

(4)「ライフヒストリーデザイン曼荼羅」の広がりと深まり：二〇一七年〜二〇二二年（抄録）

①自由学園初等部 先生方の初めての試み

二〇一八年七月、清里での研修合宿で「e‐カリキュラムデザイン曼荼羅（シート）」ワークショップと「ライフヒストリーデザイン曼荼羅」ワークショップを行いました。そのあと、ゆるやかに学びの時間（実践）を見合い、リフレクション対話を行う、「e‐カリキュラムデザイン曼荼羅」を援用する、こどもたちの学びを引き出し「学びの発表会」のあり方を変える、そして、「e‐カリキュラムデザイン曼荼羅」や「学習指導案」など多様なプランを援用した「研究授業」と多様な事後リフレクション対話（リフレクションの方法を実践者が自己選択・自己決定し、協同実践する）が試みられています。

二〇二一年、新しく初等部の先生になられる方々を含む「ライフヒストリーデザイン曼荼羅」ワークショップも行っていきました。これまで繰り返し「曼荼羅」を描いてこられた稲村祐子さん（現 初等部副部長）は、「ライフヒストリーデザイン曼荼羅」について、次のような「よさ」と「問い」を述べられています。

【よさ】

・ライフヒストリーデザイン曼荼羅を描くことのよさは、自分の人生を立ち止まって見つめ直せるところです。見つめ直すことによって、また新たな未来への希望と、過去への感謝の気持ちや、新しい力が湧いてくる感覚が味わえ、自然に前へ進む気持ちになります。

・同僚とやったのは一度ですが、よさはお互いを知り、親近感が湧く。また自分にはないものが得られ、視野が広がります。

【問い】

・ライフヒストリー曼荼羅を繰り返すごとに、未来の内容が変わると過去の感覚も変わるのか。（そのような気がする）

・これは私の性格かもしれませんが、相手に必要以上にプライベートなことを話してしまい、困惑させていないか。

稲村さんの「問い」にもあるように、「曼荼羅」を繰り返し描いてゆくと、確かに描かれる未来も現在も過去も変わってゆくことがあります。「未来」への期待や希望（あるいは不安や絶望）のかたちが変わると、まさに「未来は過去に影響する」逆因果仮説のごとく、過去としての現在や過去そのものに影響を与え、想い出されてくる「事象・事実」も異なっ

読む　自由学園男子部「ライフヒストリーデザイン曼荼羅」WS事始

てくるのでしょう。また、曼荼羅を描き終わってから、自らのライフヒストリー（Hi-Story）に題名を付けるのと、逆に曼荼羅を描く前に題名やテーマを決めて描くのとでも、今ここで想い起こされる「事象・事実」は異なってきます。

二つ目の「問い」にあるように、プライベートな「事象・事実」を想起されるままに描き語るのがいいのかという問いは、一人だけで行う「お一人様ワークショップ」のときと、自他ともに行う「二、三人様ワークショップ」のときとでは大きく異なります。自己開示の「境界」をどこに描くか、また、他者自身の受容の限界をどう見極めるか、まさに、悩ましいところではありますが、その悩ましさや戸惑いの気持ちを抱く経験こそが、自己理解と他者理解とを切り結ぶことになり、そのあとの学びや暮らし・仕事の「見通し問い直し（Reflection）」を引き出すことになってゆくのではないでしょうか。

②自由学園男子部高等科　国語科と社会科の先生方の試み

教科や専門性を越えて教科横断型単元の学びをデザインする際、国語科教諭の髙野慎太郎さんと地理歴史科の非常勤講師（中央大学大学院生）の津山直樹さんが、それぞれ「ライフヒストリーデザイン曼荼羅」を描きました。お二人で対話のワークショップを行い、そこでお互いの「生徒観」、「教師観」、その「関係性観（中動態的関係性）」、「教育観」、「評価観」など「観」の語り合いを経て、教科横断型単元のデザインを行い、実践をしていきました。

そして、お二人で共著の「実践研究論文」というかたちで「記録」をお書きになっています。髙野慎太郎・津山直樹（二〇二一）「生徒と教師の中動態的関係による カリキュラム創発・実践の分析─国語科・地理歴史科の教科横断型実践を事例に─」（『生活大学研究』第六号、pp.56-75）この記録（論文）は、主題「生徒と教師の中動態的関係による カリキュラム創発・実践の分析」でネット検索すると、ダウンロードできます。また、同上（二〇二一）「対話的手法を活用したリフレクションによる「観」の語り合い・明確化・再定義の過程」を『対話的手法を通したホリスティックな教師教育プログラムの開発と検証』（pp.77-84）という科学研究費補助金・基盤研究（C）の報告書にお書きになっています。

この記録（報告）はタイトル「対話的手法を活用したリフレクションによる「観」の語り合い・明確化・再定義の過程」でネット検索すると、『研究報告書』がヒットし、閲覧することができます。

③自由学園最高学部 学生たちの試み

先に述べたように二〇二〇年度・二〇二一年度「越境する教育学入門」（春期）とそれに続く「質的研究入門」（秋期）で「ねらいを問いのかたちに」する意味、シラバスを「逆向きデザイン」しつつリデザインし続けること、学生自身が「ライフヒストリーデザイン曼荼羅」を描くだけではなく、調査方法としてインタビュー演習の中で、インタビュイーが描いた「ライフヒストリーデザイン曼荼羅」をもとにアクティブなインタビューが行われていきました。学生たちは「オンラインというフィールド（現場）」において、観る・聴く・対話する・共に在る・感じる・考える・文献を参照する、多様な方法で記録する「エスノグラフィー」を書／描いていきました。特に、統計などを援用する量的研究ではなく、質的研究では欠かすことのできない調査方法の一つ「インタビュー調査」をするとき、量的研究などで活用するアンケート調査の項目をもとに、構造化されたインタビューをしてゆくことがあります。客観的なデータを収集するために同一項目をもって行われることがあり、その結果を集計して数値をもって示していきます。

しかし、質的研究では、数値化された客観的なデータからこぼれ落ちたり、すくいきれなかったりした個別・固有の「事象・事実」に光を当てます。そのとき、あらかじめ決められ、標準化された質問項目をもとにしながらも、問いかけ・応答の過程で浮上してくる質問を加えながら、半構造化されたインタビューを行っていきます。その問いかけ・応答において質的な広がりや深まりを引き出すために、あらかじめインタビュアーとインタビューイーがともに「ライフヒストリーデザイン曼荼羅」を描き、それをもとにインタビューをするという試みをしてきました。これは、単に調査しデータを収集する側と調査されデータを提供する側という直線的な関係性を越えて、双方に新たな問いや、気づき・学びを引き出すことになっていきます。こうした調査研究の場における関係性の相互変容が期待されていきました。ここでは詳しく語ることはできませんが、二〇二〇年度・二〇二一年度の質的研究におけるインタビュー調査方法の演習では、できる限り異なる環境で学び暮らす同世代のインタビューイー（メキシコに在住・在学する日本人高校生、東京大学大学院に在学する大学院生）を対象に双方の「ライフヒストリーデザイン曼荼羅」を介してアクティブなインタビューを行っていきました。

④ 東村山市立青葉小学校 校内研究会での先生方の試み

青葉小学校は、多磨全生園、国立ハンセン病資料館の近くにある小学校です。多磨全生園、国立ハンセン病資料館は、東京学芸大学教職大学院の「人権教育フィールドワーク」という講義を担当していたとき、しばしば院生たちとともに訪れたところです。

青葉小学校に勤務されていた、修了生の現職教員の伊東大介さんが導きの「糸」となってつながり続けています。そのあと、伊東さんのほか、期せずして教職大学院の修了生の山本由紀さん、佐藤由佳さんがおられました。伊東さん、山本さん、佐藤さんは、校内研究に寄り添われた、かつての私の同僚の研究者・三石初雄さんとの共著で『校内研究を育てる：その学校ならではの学びを求めて』（創風社、二〇二二年）をお出しになりました。自校内での先生方の「学びのあしあと」づくりをもとにした自律的な学びとしての校内研究が行われてきました。

いわゆる教育委員会から指定されたり、大学教授の持ち込む理論や方法の助言・指導を受けたりしてゆく校内研修・校内研究ではありませんでした。本書の中で先生方が「学びカフェ」を行ったり、二〇二一年度初めの校内研究会で「ライフヒストリーデザイン曼荼羅」ワークショップを行ったり、目の前にいる同僚のバックグラウンドにあったヒストリーや未来への期待や希望を語り合っていかれた様子が描かれていました。これは、「ライフヒストリーデザイン曼荼羅」の開発者としては驚きでした。かつて自由学園男子部の先生方に「ライフヒストリーデザイン曼荼羅」ワークショップを提案させていただき、実施したことはありましたが、青葉小学校の山本さんが自らの発案で試みられていったことに驚きを越えて、感動を抱かざるを得ませんでした。

⑤自由学園女子部高等科 生徒によるワークショップの試み

女子部高等科三年生の橋本華名さんが、コロナ的状況下の二〇二一年、「海を二時間ながめていたら/なぜか、涙がポロリと流れたよ/なんで?と考えていたら/コロナの中/学校もオンライン/この先どうなるの?と/私の見えない未来が/不安に/変身していたみたい/でも大丈夫!(中略)/「未来は過去に影響する」/希望を持って/「自分の未来」楽しく想像してみませんか?」と呼びかけました。そして、女子部生のみなさんに逆因果仮説「未来は過去に影響する」という考え方と「ライフヒストリーデザイン曼荼羅」の魅力を伝えたいと、オンライン・ワークショップを開きました。

華名さんは、将来、学校の先生になりたいと思っていたようで、国語科の髙野さんとお話をする機会があり、そこで「ライフヒストリーデザイン曼荼羅」をお描きになっていた髙野さんから教職に就く前に曼荼羅を描き、自らの「観」(学習観・教育観・生徒と教師の関係性観）を見つめ直すといいのではとのアドバイスをいただき、試みたのでした。そして、試みた結果、自分一人だけではなく、友だちや後輩にも知らせたくてワークショップを開催したのです。当日のワークショップは、自分の未来をイメージするところで終わり、シェアする時間もありませんでしたが、終わったあと、参加者のお一人、理恵さんがＺｏｏｍに残ってくださり、華名さんに「めっちゃ勇気もらいました。ＬＩＮＥでもいいんですけど、直接、言いたくて。（涙）ありがとうございます。自分の将来についてめっちゃ考えることが多くなってきて、止まらなくって。結構、選択を迫られて、早いほうがいいよと言われたりすること多くて、自分の中で重荷になっているのを感じていて……」とお話してくれました。

高校生が自ら「ライフヒストリーデザイン曼荼羅」を描き、ワークショップを企画・実践なさっていったのは初めてのことでした。これまで主として現職教員の方々や学生・院生と「曼荼羅」を描き、ワークショップを実践してきましたが、高校生など若い方々にとっても「ライフヒストリーデザイン曼荼羅」とワークショップの有意味性を実感しました。

⑥ 理学療法士・作業療法士・言語聴覚士養成施設教員等講習会「教員論」におけるオンライン・ワークショップでの試み

この講習会は、学校における「教員養成・教師教育」とは異なる専門領野の先生方、それも専門学校から大学まで、臨床現場から実務家教員になられた方々、博士号を取得され教壇に立たれている研究者教員が受講されていました。二〇一六年から二〇一九年の四年間、関東地区の受講者七十数名を対象に対面で行ってきましたが、二〇二〇年はコロナ的状況のため中止になりました。二〇二一年はオンラインで開催され、関東地区・関西地区の受講者合わせ一五〇名を対象として行われました。

私は、「教員（Educator）論」講義（四時間）と「ライフヒストリーデザイン曼荼羅」ワークショップを行いました。受講者のお一人、坂本千晶さん（県立広島大学）は、講義・ワークショップ後のリフレクションでキーワードに「生活史」を挙げ、「ライフヒストリーデザイン曼荼羅を通して未来～現在～過去の自分自身の歴史を一つの視点から振り返り、なぜ自分の今と未来があるのかがつながった。メンバーのライフヒストリーデザイン曼荼羅では、個人の生活史が理解しやすく、単なる自己紹介に比べて、お互いの距離感が近くなったのではないかと思う」と述べています。【キーワード&コメント法】

一五〇名に及ぶオンラインでの講習会で、小グループ（二十五部屋）でのワークショップでしたが、曼荼羅を描き、対話経験のある髙野さんや津山さん、ファシリテーションに精通しておられる菊地恵美子さん（仙台育英学園高等学校／早稲田大学院）、私を含め、四人のファシリテーターでワークショップを展開しました。

⑦ 早稲田大学大学院教育学研究科「ESDの理論と実践」での院生たちの試み

二〇二一年九月の集中講義（四日間・全十五回）では、二日目の講義で「ライフヒストリーデザイン曼荼羅」ワークショップを行いました。

事後リフレクションとして院生たちは、以下のような「よさ」と「問い」を挙げました。

（傍線は成田）

【よさ】

・よさとして感じたことは、未来のヴィジョンを描いてから、過去を見つめ直すと過去の意味合いが変わってくるということです。例えば、自分にとって挫折を感じて苦しかった過去も、未来の自分の視点で見ると自分が成長するきっかけというポジティブなできごとに変わります。これは時間との対話にもつながることなのかなと感じたのですが、自分自身の過去を捉え直すことができることがよさだと感じました。
・自分が気づいているようで、意外と気づいていない面（自分の場合は、小三で始めたサッカーが現在まで影響を与えていること）に気づくことができるところに、ライフヒストリーデザイン曼荼羅のよさがあると考えました。
・自分の「観」への気づきができ、新たな自己物語を語ることができるとともに語り合い・聴き合いをすることによって、協働の契機になりえる点。
・他の方のライフヒストリー曼荼羅を聞くことで、「問いをもつ」などの共通点が見つかり、今までとは違う視点で見直す（メタ認知）ことができた。自分は、教師であることに疑問を持っていたが、そのことが今回の活動を通して明らかにできた。
・未来と今、過去を見つめることによって自分の中で消化できていない物事を見つめるきっかけとなる。自分自身への本質的な問いを忙しさを理由にして見なかったことにするのではなくて、向き合い、考え、葛藤することの大切さを確認できる。
・これまでの人生について振り返ることができ、これから進みたい道とやりたいことを自分に問う機会にもなりました。描く際に、普段意識していない、自分にとって最も有意義なことを気づきました。

【問い】

忙しい生活の中で自分を省察することができた点が良いと思います。

・問いとしては、これを単発ではなく継続して活用していくにはどのような方法があるのか、ということです。また、学校現場に活用するとしたらどのような活用の仕方があるかが問いとして挙げられました。自分自身としては、人生の節目節目で作り直す、語り直すことができると感じていますが、まだ人生経験が大人に比べて多くはない子どもたちにどのように活用できるか知りたいと思いました。例えば、小学生にも活用することは可能でしょうか。実践があれば知りたいなと思いました。⇒小学生・中学生での実践はまだありません。ぜひ、試みてほしいと思います。（成田）

・今回のWSを通して、未来の章に書いた内容を実現するために、今から（修士課程に在学している間に）何をしなければならないかについて、改めて問いを抱きました。⇒ご自分自身への問いですね。まさに自己内対話に向かいましたね。（成田）

・「違和感」を感じた場合にどのように共有すればよいか。⇒「違和感」は「理解」の重要な側面です。「違和感」を抱えて逃げては「理解」の扉を開くことはできませんが、「違和感」を抱えている自分自身を上空から「鳥の眼」で見たり、足元にいる「虫の眼」で見上げたり、時の流れを泳ぐ「魚の眼」で見たり、あなた自身の「違和感」を抱え留まること（negative capability）を大切にしてみませんか。「理解」の扉が開かれ、その中に入ることができるのではないでしょうか。（成田）

・今回は他の方と比べたが、何回か自分の曼荼羅を描くことで、自分の中での描き方にどのような変化があるのか問いを持てた。⇒時を隔ててまた「曼荼羅」を描いてみませんか。あのときの問い

への応答ができたり、新たな問いに出会ったりしていくのではないでしょうか。（成田）

・過去の嫌なこと、辛かったことを思い出す、引き出すきっかけになり、そこからうまく抜け出せない場合の対応が難しい。他の人に自分の曼荼羅を話すことは自分をさらけ出すことにもつながるのでプレッシャーもあるように思う。⇓過去に体験した辛い「事象・事実」をありのままに描く必要はありません。まして他者との対話をする見通しがある場合、その「事象・事実」を空白にすることもOKです。この「ライフヒストリーデザイン曼荼羅」を描くことや「曼荼羅」を介して他者理解すること自体からの「離脱の自由」もOKです。かつて自由学園男子部校内研修会で「ライフヒストリーデザイン曼荼羅」ワークショップを行ったとき、ある先生が「離脱の自由」を行使しました。ただ、私は、同僚の先生方が「曼荼羅」を描き、対話している場面を巡回し、「観察」の役目を引き受けてくれませんかとお願いしました。すると、その先生は、ワークショップが終わったあと、参観をした感想を述べてくださったのです。「離脱したのですが、まったくアウェイ感がなく、参加できました」と「離脱の自由」の意味に触れて下さいました。（成田）

・ライフヒストリーをデザインする時、私を含めてほぼ皆は、人生で見やすい「表」にあるもの（例えば学校、活動、進路、職業など）を中心に書いたと感じます。逆に、もし人生の「裏」にあるもの（例えば性格形成、心境の変化とか?）を中心に書いてみれば、また新たな発見がもたらされるかもしれないと思われますが、いかがでしょうか。このような実践はアリでしょうか?⇓すごい！この発想は、私の想定を越える方法です。あえて人生の「裏」に潜む「ヒドゥンカリキュラム」（Hidden-Story）の中の「転機図」を描く！ぜひ、まずはご自分で試みてはどうでしょう。もし、おやりになったら、拝見したいです。あなたの「曼荼羅」を参考に、私も描いてみたいです。（成田）

⑧ 文部科学省委託 令和三年度 新時代の教育のための国際協働プログラム 初等中等教職員国際交流事業「インド教職員招へいプログラム」における試み

二〇二一年十二月、文部科学省から本事業を委託されたユネスコ・アジア文化センター（ACCU）の要請を受けた私は、インドと日本の教職員二十数名で行うLife History Design Mandala Workshopのファシリテーターをさせていただきました。

日本国内での「ライフヒストリーデザイン曼荼羅」ワークショップの実践は、高校生・大学生・大学院生・現職教員など多々行ってきましたが、外国（インド）の教職員と日本の教職員同士で、しかもオンライン・ワークショップでの試みは初めてでした。

初日（十二日）のオリエンテーションの中で、私はショート・レクチャーを行いました。「今ここでわたしのライフヒストリーの中の『インド』を詠う―Poetic Ethnography（創作叙事詩・解題）の試み―」と題して、私のライフヒストリーの中の「インド」を未来から現在・過去へとさかのぼるかたちで「Poetic Ethnography（創作叙事詩）」を朗詠し、「解題」として、なぜ、それを書き朗詠したかを語りました。私は、日本語で「創作叙事詩」を朗詠し、「解題」を語り、通訳の方が英語で同時通訳をしてくださいました。

しかし、インドの先生の中には、英語の通訳の音声を切り、私の朗詠し語る声に耳を傾ける方がおられました。この記録は、「口承文化記録（ラジオとビデオ）」と「書字文化記録（ブログ）」に残してあります。上のＱＲコードからすぐにラジオを聴いたり、動画を視聴したり、さらにブログを読み始めたりすることができます。

そして、十二月十八日、Life History Design Mandala Workshopを行いました。

この体験について、インドからの参加者Ms. Punam Barkade-Rajageは、次のように語っています。

I like the workshop of Life History Design Mandala. Life History Design Mandala allows us to learn from past and focus on future. It encourages us to think positively. Our Future reflects our past and we get our strong and weak points through this Design. Innovative concept shows mirror of life. The title of my Life History Design Mandala is "A blossoming vision".

（私は、ライフヒストリーデザイン曼荼羅のワークショップが好きです。ライフヒストリーデザイン曼荼羅は、過去から学び、未来に目を向ける力を与えてくれます。それは、私たちをポジティブに考えるように誘います。私たちの未来は、私たちの過去を反映しており、ライフヒストリーのデザインを通じて自らの強みや弱みに気づくことができます。この画期的なコンセプトは、人生の鏡を示しています。私のライフヒストリーデザイン曼荼羅のタイトルは、「開花するビジョン」です。：成田訳）

また、日本からの参加者・平澤香織さんは、次のように述べています。

過去と未来を往還することによって、紡ぎ出された自分の姿から、時空を越えて生かされている人間の存在を感じました。Birth Present Future の柱となる Title が、自分の人生の様々な事象と結びつきながらさらに外の世界に広がっていく様子から（円のさらに外側の世界に広がっていく様子）、人生は自ら Design するものであると同時に、人間のみならずこの世に存在するすべてとつながり影響し合う…ようなことを感じました。

私の「ライフヒストリーデザイン曼荼羅」のタイトルは、“To live together” でした。

Punam さんが述べているように、このライフヒストリーデザイン曼荼羅は、まさに「人生の鏡」として、自らの未来に向かって「開花するビジョン」を引き出し、また、香織さんが述べているように、「時空を越えて生かされている人間の存在」と自己の外側に向かって「人間のみならずこの世に存在するすべてとつながり影響し合う"To live together"」への気づきをもたらしたといえるのではないでしょうか。

インドと日本の参加者すべてが、お二人のような気づきや学びをされたとはいい切れませんが、少なくとも「ライフヒストリーデザイン曼荼羅」を介し、時空間を越え、長いスパンでの「見通し問い直し（Reflection）」、それも相互に行うこと（Mutual Reflection）に国際交流／協働への可能性を秘めているのかもしれません。

また、ここで特筆しておきたいのは、このプログラムを実施していったACCUの進藤由美さんをはじめ、天満実嘉さん・伊藤妙恵さんなど担当職員の方々が、プログラム開始前に自発的に職員同士で「ライフヒストリーデザイン曼荼羅」を描き、ワークショップを試みておられたことです。これは、単にプログラムを提供するための「黒子」的「客観」的な存在としてあったのではなく、「主役」たるインドと日本の教職員の国際交流／協働に並進（Mutual translation）する控え目な共演者的な存在としてあったのではないかと推察しています。この本を書いている最中、二〇二二年度韓国の教職員招へいプログラムにおいても、この「ライフヒストリーデザイン曼荼羅」ワークショップを行いたいと協力要請が届き、二〇二三年二月四日に行いました。

かつて、歴史学徒であり、日本近現代史と社会科（歴史）教育の研究‐実践者であった私は、ライフヒストリーデザイン曼荼羅「学びと暮らしの中の『韓国』と私（仮）」を描いて臨みたいと思っています。

⑨自由学園最高学部 若き哲学者による試み

二〇二二年三月、自由学園最高学部の田口玄一郎さん（宗教哲学・教育哲学）が、自らの「実践記録」として「ライフヒストリーデザイン曼荼羅」をお描きになりました。

田口さんは、私が自由学園最高学部の特任教授となったときから四年間、常に側にいてくださった若き哲学者です。初めてお会いしたときは、彼はちょうど博士論文をお書きになっておられました。そして、二〇二〇年に『木村素衞の教育思想研究―京都学派の戦後思想の一射程』で博士（学術）の学位を授与されました。田口さんの読書量は半端ではなく、ギリシャ語やラテン語などを読むこともでき、私が知らない多くのことを学ぶことができました。彼が、熱心に読書に向かうようになったのは、学部生だったころ、自由学園

読む　韓国の教職員のためのライフヒストリーデザイン曼荼羅ワークショップの実際

図書館の「図書・記録資料グループ」で活動したことにあったとのことです。

この若き哲学者と対話する時間は、聴き手・学び手としての私にとって至福の時間でした。

その田口さんがお描きになった「ライフヒストリーデザイン曼荼羅」は、その中央に「哲学の研究者・父親として生きる―これまでも・これからもそうであり続けるために―」と題されていました。そして、方法論の提案をされ、ＰＤＣＡサイクルにならって「未来編Ｐ（ｌａｎ）」→「誕生・過去編Ｄ（ｏ）」→「過去編Ｃ（ｈｅｃｋ）：リフレクションの記述」→「過去・現在編Ａ（ｃｔｉｏｎ）」の順で記述されました。

未来編Ｐ（ｌａｎ）：「真の哲学の研究者・父親であり続けるために」

誕生・過去編Ｄ（ｏ）：「哲学の研究者・父親になるまでの歩み」

過去編Ｃ（ｈｅｃｋ）：「哲学の研究者・父親として取り組んできたこと（→反省点と展望の振り返りを含む）」

過去・現在編Ａ（ｃｔｉｏｎ）：「地に足のついた哲学の研究者・父親としての自覚」

また、「論じえないこと／語りえないことについては、ひとは沈黙せねばならない」というＬ・ウィトゲンシュタインの『論理哲学論考』の言葉を踏まえつつも、「自分以外の他者が読むものであることを念頭に置きながら整理しました」と述べられています。

二〇二二年三月末、自由学園の教職員有志を対象にオンラインで開かれた会で、田口さんはお描きになった「ライフヒストリーデザイン曼荼羅」について、先述のような方法論（Methodology）―ギリシャ語の三つの語源をもとに、ことの本質の「メタ（Meta：側や横に）」にある「ホドス（Hodes：道）」を「ロゴス（logos：言葉）」にされたもの―の提案のお話をなさいました。また、元歴史学徒だった私が特に印象に残ったことは、田口さんが「歴史（History）の語源をたどると、ギリシア語の「ヒストリア（historia）」にありますが、さらに元をたどると、「尋ねる」「知り合いになる」という意味の「ヒストレオ（historeo）」という言葉があり、歴史とは、元来、開かれたものでお互い尋ね合うという関係性を形成する力をもっているのではないか」と語られたことでした。

⑩ラジオによる呼びかけに呼応してくださった方々による試みの始まり

先述したやまとあきこさん（TOKYO854くるめラで一緒に番組を創っているミキサー兼アシスタント）をはじめ、私にRADIO Personalityになるきっかけをつくってくださった小日向恵美子さん・明さんご夫妻が「曼荼羅」をお描きになったといいます。

また、ラジオによる小・中学生の親御さんへの呼びかけも始めたところです。本章の(1)

にある「ライフヒストリーデザイン曼荼羅（シート）」の描き方①～⑩は、特別なフォーマット（様式）がなくても無地の用紙があればその場で始められます。Stand.fm（スタエフ）の「よみききの世界へ」（by なりっちこと成田喜一郎）という番組で「ライフヒストリーデザインシートの描き方」（十六分三十四秒）の音声配信もしています。

「無理ない範囲で、試した時点で大成功！」（冠地情さんの名言）

「離脱の自由・帰還の自由」（なりっちこと成田喜一郎）

結び…「涵養成る／化育成ること」とリハビリ（Question）

これまで第Ⅱ部の第一章から第五章で提案し、問いかけてきたことが、果たして、Education の新しい訳「涵養成る／化育成ること」につながり、そのリハビリになるのだろうか。この本は、仮説を検証した研究の成果を世に問うかたちのアカデミックな書ではなく、これまで学校や大学、最近ではラジオというフィールド（現場）で、（心の眼で）観る・聴く・対話する・感じる・考える・書物をひもとき、記憶を様々な形式で記してきた記録（Field Notes）をもとに書き起こされた「物語（エスノグラフィー）」の書で、現場から生成されてきた仮説的課題であり、もう一つの方法論（Methodology）に過ぎません。

先に挙げた若き哲学者の言葉にならうならば、一五〇年以上も使われ続けてきたEducationの旧訳「教育」の危うさを「越える」ために私の「側や横（メタ：Meta）」にあった「道（ホドス：Hodos）」を「言語化（ロゴス：logos）」した「物語（文化誌）」でしかありません。

しかし、Educationの旧訳「教育」ではなく、「涵養成る／化育成ること」と訳し直し、持続不可能か可能かせめぎ合う昨今、「天地の自然や社会・文化における多様で異なる境界や限界を超えた未知‐未来への問いと気づきと学びを、あなたと私がそれぞれ呼び起こし《引き出し（educere）》、《養い（educare）》育ててゆく試み」として位置づけることで、Educationのラテン語の淵源に立ち返り、「復権（Rehabilitation）」しようすることは、まさにリハビリへの「扉」であり、その「扉」を開くことになるのではないか思っています。

もちろん、旧訳「教育」を否定しません。過去の正／負の役割を果たしてきた事象・事実を消し去ることはできません。また、「言葉遊び」の世界や「言葉狩り」の世界の住民（Inhabitants）になるつもりもありません。ただ、私は、旧訳「教育」の世界の境界や限界を越える新訳「涵養成る／化育成ること」の世界の住民（Inhabitants）になりたいと思っています。それもたとえ小さなフィールド（現場）であったとしても、ここかしこに新しい訳を体現される Educator がおられる「涵養成る／化育成ること」の世界とその「住民（Inhabitants）」を《尋ね、知り合いになる（historeo）》ために「物語（文化誌）」を書／描き、放ち送り続けたいと思っています。

ここで注意をしておかねばならないのは、これまで旧訳「教育」を実践したり研究したりしてきた多くの専門家（教師 teacher や教授 professor）に敬意を払いつつも、ここかしこにいる新訳「涵養成る／化育成ること」を体現してきた素人（多くの女性や門外漢 layman）に問い・気づき・学んでいくことです。

まず、性の多様性認識を担保しつつも、出産という固有の機能をもつ女性と胎児の「生命活動」を《呼び起こし引き出し》、そのあとの育児という協同的社会的「生命活動」である《養い育む》というフィールド（現場）に立つ方々に新訳を体現する Educator であることの原点を見据えたいと思います。また、すでに先に述べたように、私は、旧奈良少年刑務所「社会性涵養プログラム」のフィールドワークを通して、受刑者少年たちの内面にあった思いや願い、秘められたヒストリーを《呼び起こし引き出し》、また、プログラムにかかわった寮美千子さん、松永洋介さん、竹下三隆さん、乾井智彦さん自らの内面に新たな問いや気づき・学びを《呼び起こし引き出し》得た素人（layman）の営みに注目しています。

さらに、新訳「涵養成る／化育成ること」という試みの基点は、南方熊楠さんが語り始めた神社の神林が人々にもたらす「化育」があり、また、羽仁もと子さんが述べられたように自由学園をめぐる天地・自然がこどもたちとおとなたちに学びと暮らしをもたらす「化育」がありました。しかし、今、全球的全人（類）的な規模ですべての生き物たちの生存を左右する持続不可能か可能かせめぎ合う課題に直面しています。旧訳「教育」を越えて、新訳「涵養成る／化育成ること」への試みは不可欠になっているのではないでしょうか。

私は、この本を書く過程で以下のようなTwitter六連投の「創作叙事詩」を書きました。

・「教育」という訳語、否定しない。しかし、この時代、否、これからの時代を見通す新訳「涵養／化育」。「天地・自然のもとで、多様な境界と限界を超える問いと学びと気づきを、自他共に呼び起こし引き出し、育み養う試み」の意。Education の意味のリハビリを…。

・「涵養」は道徳性や人間性・創造性だけではない、思考・判断・表現、想像する力など知性も、自他共に「涵養」してゆく。Input-Output のリニアな世界だけではなく、水がゆっくり染み込むように土壌、光と温度があって、自他共に種は芽を出しゆくもの。
・「化育」とは、「神社神林その物の存立ばかりが、すでに世道人心の化育に大益」（南方熊楠）、人も生き物も「天地・自然の化育」（羽仁もと子）、全球的全人的環境の下で試みられていることに立ち返るRehabilitation（復権）
・一五〇年以上も前からの訳語「教育」の果たした役割は否定しない。しかし、その呪縛から解き放たれることなしに、持続可能な未来など見通せない。学校園も大学も、行政も企業も、国家・社会でも、そして家庭、間個人・自己内においてもEducationのリハビリを。
・これまでの「教育学（Pedagogy）」の学説を問い直し、Educationにつながるラテン語の語源、引き出す（educere）、養う（educare）試みを復権すること。お産婆が引き出し、乳母が養う試みと、その先にある営みとのつりあい・つつみこみ・つながり、つぎつづけること。
・Education：「涵養／化育」、「天地・自然のもとで、多様な境界と限界を超える問いと学びと気づきを、自他共に呼び起こし引き出し、育み養う試み」の復権は、真に「ジェンダー平等」、引いては「あらゆるひとの平等」へ向かい直すためのスタートライン。

（成田 2022.6.12 Tweet）

そして、さらにこれらの「創作叙事詩」に「解題」を二連投しました。

・なぜだろう?「Twitterで六連投をするなんて、今までにないこと。かつてシャミ・ダッタ氏が「ツイッター・プレゼン」のすすめをしていたが、十七シラブルの俳句、三十一文字の短歌に加えて、一四〇字の定型詩の連投もいい、連歌の如き創作叙事詩になる予感・予察が…。

・「創作叙事詩」とは、ポエムに始まり、書かない書けない書きたくない離脱の自由「空白」に至るまで、多様な表現形式を取り込み、自ら「解題」を付し、拡張・深化を続ける、勝手に「究極」のReflection（省察）⇅Contemplation（観想）の方法、否、生き方だと想う。

（成田 2022.6.12）

以上、「Twitter六連投による「創作叙事詩」と二連投の「解題」は、二〇二二年六月のこと、そのあと、この本を書き進め、十一月には出版社の社長と編集者に原稿をお送りしました。その時点での原稿は、このTwitterの連投による「創作叙事詩」と「解題」を第Ⅱ部の結びとしていたのですが、そのあと、予期せぬことが私のフィールド（現場）で起こったのです。それは、TOKYO854くるめラの「なりっちの越えるまなくらタイム」で、初めてゲストを迎えたことに端を発しています。この「物語」を書かねば、第Ⅱ部の結び、否、この本を終えることができなくなってしまいました。さて、その「物語」とはいったい何でしょうか。

聴く　Twitter 6連投＋2連投

ある絵本と絵本作家と、ある絵本と探求者

絵本『とうもろこしぬぐぞう』をめぐるエピソード

それは絵本作家「はらしままみ」さんとその絵本『とうもろこしぬぐぞう』さんをゲストにお迎えしたことから始まりました。二〇二二年十一月二六日、午前十一時過ぎ、TOKYO854くるめラのスタジオに絵本作家のはらしままみさんをお迎えしました。アシスタントのあこちゃんと三人で打ち合わせをし、いよいよ本番を迎えます。

RADIO Personality のなりっちは、緊張しっ放し。四月から月二回、自分の番組が始まり、あこちゃんとの掛け合いトークにも慣れ、リスナーさんからのおたよりやリクエストなどが届くようになってきていました。五十四分間の話題やお話の流れの基本はなりっちがデザインし、進めてきました。しかし、今回は、なりっちのデザイン通りに進めるのではなく、ゲストのお話をいかに引き出し進めることができるか。「なるべく聴き逃しのないように、おうかがいしたい内容と時間配分を考えておくこと、自分が喋りすぎないよう、ゲストの方にいかにお話しいただくか。ゲストの方がつい喋りたくなるようなきっかけをつくる引き出しの役割がどれだけできるか」というアドバイスを先輩 Personality の鈴木実

穂さんからいただいていました。

元学校・大学の教師であった私にとっては、自分の知っていることをお話しするのは得意でしたが、話を引き出しお聴きするのは得意とはいえませんでした。東寺の講堂の「多聞天」さんにお会いしたとき、ハッとさせられた記憶と記録はあるのですが、それが頭ではわかっていても心底に染み通り、身体内から感覚運動として表現できるか不安でした。そうした不安を抱えたまま、緊張感は極値に達していました。音声記録のデータを聴き返すと、あのときの緊張感が蘇ってきてしまいます。そして、番組が始まりました。

オープニング・メッセージや楽曲のあと、はらしままみ 作・絵『とうもろこしぬぐぞう』（ポプラ社）の「よみきき」の時間です。最初は、なりっちによる「よみきき」、そして、作者のはらしままみさんによる「よみきき」と続きます。この絵本『とうもろこしぬぐぞう』は、主人公のぬぐぞうが、次々と、皮をむいでゆく絵本です。

「おれはとうもろこしぬぐぞうだ　いくぞ！　ばりばり　べりべり、ぺりぺり、べろーん　これもついでに……ぎゅう　ぶちっ　やったー　ぬげたー　あれっ？　まだ　ついてる……よーし　こんどこそぜんぶ　えい　えい　えい　めきめき　めりっ……ぜーんぶぬげたー！　おれはとうもろこしぬぐぞうだ！」

絵本　『とうもろこしぬぐぞう』
作・絵　はらしま まみ（ポプラ社，2021 年）

言葉はこれだけですが、絵とともにこれらの台詞を読み上げると、読み手も聴き手もだんだん楽しくなっていきます。はらしまさんが絵本作家になろうとされた原点は、まだご自身が幼いとき、お母様が「文字のない絵本」を何度も読んでくださり、読むたびに新しい物語を語ってくださったりした至福のご経験があったからのようです。

そして、中学生三年生のとき、卒業研究として自ら「文字のない絵本」を制作し、発表され、そのあとも友だちや先生が応援してくれたとのことでした。

はらしまさんが「とうもろこし」を主人公にしようとしたきっかけは、お子さんの保育園で園児たちがとうもろこしの皮をむくとき、大きな声を上げながら楽しそうに皮むきしてゆく場面に出会ったことにあったといいます。

制作の過程では、常にお連れ合いのご協力があったこと、また、ぬぐぞうくんが大の字になって「ぜーんぶぬげたー！」と叫ぶシーンでは、実際、お子さんがモデルになってくれたこともあったといいます。はらしまさんのお話によると、読者の方から、お子さんたちがぬぐぞうくんのように声を上げながら服を脱いでいき、お風呂に入ってゆくエピソードやお買い物に行ったとき、「ぬぐぞうくん、買って！」とおねだりされたりするエピソードも生まれてきたようです。こうしたお話は、はらしまさんがお話ししてくれたことであると同時に、今までにないほど、たくさんのメッセージが届き、親子で絵本を楽しむ様子をお知らせいただいたり、絵本づくりに寄り添い続けてくださった読者やお友だちがいたことをリスナーさんたちとシェアすることができました。

なりっちことこの本の筆者・成田喜一郎は、ＥＳＤ／ＳＤＧｓなど「越境する学びとケア（Holistic Education/Care）」の視点から研究‐実践する中で、ＥＳＤ／ＳＤＧｓなどのメッセージ性のある絵本の収集をしてきましたが、今回、絵本作家「はらしままみ」さんと絵本『とうもろこしぬぐぞう』さんをゲストにお迎えし、お話をうかがって、少ない言葉でも、『言葉のリズムやキャラクターの動き・表情などが『鏡』となってこどもやおとなたちに反射・反響・反映（Reflection）する世界があることをお教えいただきました。

四半世紀前は、いわゆる教師と生徒、いわゆる師弟関係にあった私とはらしまさんでしたが、今回、ゲストにお呼びした「はらしままみ」先生と『とうもろこしぬぐぞう』さんは、私の中から新たな気づきと学びを引き出してくださった恩師、否、新造語「恩妹《おんまい》／恩《おん》弟《てい》」と呼ばせていただきたいと思っています。

絵本『ちびくろ・さんぼ』をめぐるエピソード

絵本作家「はらしままみ」さんと絵本『とうもろこしぬぐぞう』さんは、四半世紀ぶりに坂本沙里さんと『「ちびくろ・さんぼ」研究ノート』との再会に導いてくださいました。はらしまさんが「なりっちの越えるまなくらタイム」にゲスト出演をすることになったことを友人・知人にお知らせになりました。それを知った小・中学校以来のご友人、坂本さんは、当日、お子さんたちと生放送をお聴きになり、番組の途中や終わってからもメッセージをくださいました。なりっちことこの本の筆者は、坂本さんのお名前を拝見して、忘れられない想い出がありました。否、想い出にしてはならないことを抱えていました。大学での研究‐実践者としての仕事を終えてから、自宅の書／倉庫の書籍や資料を整理し、保存か廃棄か、決断と実行をしながら過ごしてきました。

その過程で、坂本沙里著『「ちびくろ・さんぼ」研究ノート』を発見していました。それは、私がまだ中学校社会科の先生をしていた一九九六年七月、夏から秋にかける課題「『ちびくろ・さんぽ』という一冊の絵本と関わりのある地域や人々（日本や自分を含む）、また、その歴史や現在に潜む謎や疑問をみつけ、みずから解き明かそう」という総合的研究を中学一年生全員に課しました。その課題に向かう視点と内容を例示しました。

・『ちびくろ・さんぽ』と自分史とのかかわりを探る
・『ちびくろ・さんぽ』とこれまでの社会科授業とのかかわりを確かめる
・『ちびくろ・さんぽ』と公共図書館とのかかわりを探る
・『ちびくろ・さんぽ』における謎や疑問を探す
・『ちびくろ・さんぽ』と世界の国々や地域・人々とのかかわりを探る等

中学一年生に課す課題としては、一見、あり得ないと思われました。しかし、当時の私は、中学生たちが幼少期に読んだ経験があるだろうということ、一九八〇年代末から当時まで、「『ちびくろ・さんぽ』の絶版問題」論争になっていたこと、中学一年生の目に映る「謎」や「疑問」を探すことならば課題達成は可能ではないかと判断しました。

課題を出したときは、生徒に知らせてはいませんでしたが、夏休み明けに「絵本『ちびくろ・さんぼ』を絶版にしたのは正しかった、是か非か」という論題のディベートを計画していました。この課題は、それぞれが夏休み中に調査・研究したことをもとに一冊のノートを作るもので、ディベートに向かうためのものでした。

一九九六年九月、沙里さんは、課題をやり遂げ、「すべての調査・研究を終えて（考察・感想）」というリフレクションを添えて『「ちびくろ・さんぼ」研究ノート』を提出します。【必修課題】一九九六年十月末、ディベートが終わったあとに「ディベートを終えて」「ちびくろ・さんぼ　私の思い」というリフレクションをノートに書き添えて『「ちびくろ・さんぼ」研究ノート』提出します。【自由研究】

一九九七年十一月、私は、中学二年社会科歴史で、ロールプレイング的パネルディスカッション「様々な視点で南北戦争を考える」という実践を行いました。

・黒人の立場から生徒が作った「黒人たちの叫び・再び」という創作社会詩
・白人の立場から生徒が作った「生活必需品」という創作社会詩
・世界史特派員の立場から沙里さんは「歴史的事実」を書き残していきます。【続・自由研究】

一九九八年十一月、沙里さんは、「『ちびくろ・さんぼ』と私、二年二ヶ月経った今」を『「ちびくろ・さんぼ」研究ノート』に書き添えて、提出します。【超・自由研究】しかし、この坂本沙里著『「ちびくろ・さんぼ」研究ノート』は、成田から返却されず、ずっと保管されたままになっていました。

二〇二二年十二月、はらしままみ先生と『とうもろこしぬぐぞう』さんが導きの糸となって、『「ちびくろ・さんぼ」研究ノート』は沙里さんの手に戻りました。

たった一人の、たった一冊のノートでしたが、沙里さんが三年間にわたって絵本『ちびくろ・さんぼ』を「鏡」にして反射・反響・反映（Reflection）をしてきた記録『「ちびくろ・さんぼ」研究ノート』は、四半世紀の時を経て、今、私をはじめおとなたちに問いかけてくれます。言い換えれば、沙里さんと『「ちびくろ・さんぼ」研究ノート』が私たちから引き出してくれた問いへの応答をともに考えていきたいと思いました。

・沙里さんが、必修課題を越えて三年間も正真正銘の自由研究に駆り立てていかれたものはいったい何だったのか？

・沙里さんが、四半世紀経った今ここで『ちびくろ・さんぼ』をめぐっていかなる思いや願いを抱いておられるのか？
・沙里さんは、未知‐未来をたくさん抱えておられるだろうお子さんたちといかなる対話をなさっていかれるか？
・沙里さんは、この度の再会――「絵本」と「自著」と元教師など――をどう受け止めておられるのか？

沙里さんとその「著書」『「ちびくろ・さんぼ」研究ノート』さんは、私にとってやはり「恩妹／恩弟」と呼ばせていただきたいと思います。

第Ⅱ部の結びにおいて、自らのうちに「逆‐啐啄同時」体験が叶ったこと、とてもうれしく思います。改めて二組の「恩妹／恩弟」をリスペクトさせていただきます。ありがとうございました。Educationとは、旧訳「教育」、すなわち「教える／教えられる」「育てる／育てられる」、また「教える／育つ」関係性をも越えて、長い時空間・人間《じんかん》を経た今、新訳「涵養／化育」も「涵養する／される」「化育する／化育される」関係性に陥ることなく、ともに並び進み、「涵養成る／化育成ること」だと思われてなりません。

また、この本の重要なキーワードの一つ、リフレクションを「見通し問い直すこと」といい換えてきました。しかし、改めて多くのフィールドでいまだ使われ続けている「振り返り」でもなく、アカデミックな文献でしばしば使われてきた「省察（反省的考察）」でもなく、単に学びや暮らし・仕事の中の対象を「鏡」として得られた「反射・反響・反映（Reflection）」そのものであったと認識しています。

執筆当初の新訳への認識が、今ここに来てさらに拡張・深化してきたように思います。

そして、Education の新訳、自他ともに「涵養成る／化育成ること」へのリハビリは、私たちの日常にある学びと暮らし・仕事の「はじめ」・「なか」・「おわり」を通じて、探Q・愛Q・レスQ、生Q＝問いを生きるために、あらゆるひと・もの・ことを「鏡」とし、その反射・反響・反映（Reflection）をし続けること。そして、可能な限り記憶を記録（Documentation）、それも多様な表現形式を自他選択・自他決定・自他実践し、目の前にある分岐点に立って、批判という訳語を使わずクリティカル（critical）により選択肢を広げるために、自他ともに並進（Mutual translation）し続けていきたいものです。

その道程において、新たな学びと暮らし・仕事に新たな問いと学びと気づきがふっ立ってくること、すなわち創発（emergence）への期待と希望を見い出したいと思います。

今ここ歴史的現在において、持続不可能か可能か、終末か転生か、いかなる道を歩むことになっても、その瞬間、瞬間において自らが有する「レンズ」と「手鏡」、唯一の「管見鏡」

を通したReflection（反射・反響・反映）を続けていたいと思います。

そして、ここかしこで、旧訳「教育」の危うさを越える「Education の新訳とそのリハビリを試みる」世界の「住民（Inhabitants）」になってみませんか。そこには国籍の有無や市民権の有無にかかわらず、地球上のその土地・地域にそれぞれ住み「まなくら」する生き物の一種として生きるあなたと私、ともに並進者（Mutual translator）であり、新訳の体現をめざすEducator、「涵養成る／化育成る」ヒトになりませんか。そして、私よりずっと若い「ハチドリ」（鳥）や「バタフライ」（虫）に変身していきませんか。流れを読み解き泳ぐ「スイミー」（魚）、その場で視点を上下させる「ミーアキャット」に変身するのもいいですね。もちろん、変身などせず、誰でもない「唯一者」としてのあなたのままでも結構です。

「無理ない範囲で、試した時点で大成功！」（冠地情）

またもや冠地さんの言葉をお借りし、この本の本文を終えさせていただきます。

成田喜一郎

聴く　新しい読書のしかたへの誘い

あとがきをはじめに

今、あとがきを書いています。まさに「あとがきをはじめに」。

それは、なぜでしょうか。この本の中で触れてきたあの量子力学の「未来は過去に影響する」という逆因果仮説、また、「ライフヒストリーデザイン曼荼羅（シート）」の描き方の一つ「未来からデザインする」試み、自由学園で生徒や学生、教職員のみなさんにおすすめしてきた「新しい読書のしかた」として「あとがき」から読み、「はしがき」にかえってページをめくることから始める方法のすすめ、ものごとの見通しをデザインするとき、しばしばおすすめしてきた「理解をもたらす逆向き設計の理論」などがあったからです。

この「あとがき」を書き始め、「はしがき」に向かい、章構成がイメージされ、本文が整い執筆されてゆく予感、がしています。おそらく、本文では、触れられないだろうこと、つまり、なぜ、この本がキーステージ21から出されるに至ったのでしょうか。この問いへの応答を書き進めたいと思います。

この本は、キーステージ21の社長・大久保正弘さんと編集者・網野瑠衣さんと私の三人で行った「鼎《かなえ》のワーク（鼎談）」、それも別件で行われたミーティングなしには考えること

Lecture RADIO と「ときのまほろばを求めて」

ができませんでした。

ミーティングの中で私が、自由学園で「Lecture RADIO」という Podcast RADIO をしていること、それもブログ「ときのまほろばを求めて」という Web Site を架橋・往還させながら、聴き読むことのできる試みをしていることに触れたのですが、そのあと、瑠衣さんが Lecture RADIO のすべてをお聴きになってしまいました。そして、そのあと、私から出版の企画を持ち込んだわけでもないのに、社長・正弘さんと瑠衣さんから「本を出しましょう」と言ってくださったときは、一瞬、耳を疑いました。

思い返せば、二〇〇五年、正弘さんとは、かつて教育出版から『シチズン・リテラシー：社会をよりよくするために私たちにできること』（鈴木崇弘・上野真城子・成田喜一郎・中林美恵子・村尾信尚・福岡政行・川北秀人・細野助博・島広樹）を出したときの編集者と編著者との「つながりかかわり（Relational Being）」がありました。

そのあと、正弘さんは、教育出版を退社し、キーステージ21を創業し、シティズンシップのご研究を続け、社長をなさりながら、博士課程でシティズンシップのご研究を続けておられます。また、二〇一九年十二月に創立された日本シティズンシップ教育学会ではともに「設立発起人」に名を連ねました。まさに、それぞれのライフヒストリーの中で出会い、つながりかかわり合う瞬間がいくたびか「創発（emergence）」してきました。

さて、なぜ、瑠衣さんが、すべてのLecture RADIO（全二七〇話）をお聴きになったのでしょうか。その訳は、編集者・瑠衣さんのライフヒストリーの中に秘密がありました。

二〇二一年七月、自由学園最高学部の「越境する教育学入門（Holistic Education/Care）」のゼミに正弘さんと瑠衣さんを、特別講師としてお招きしたとき、それぞれに講師紹介を兼ねて「ライフヒストリー」を語っていただきました。

瑠衣さんがお描きになった「ライフヒストリーデザイン曼荼羅」を「よみきき」してわかったことは、英語の先生をめざし、なったもののお辞めになっていたこと、そのとき「失望」「無力感」「悔しさ」を抱えながら、「それでもEducation／教育にかかわっていたい」という思いから編集者をめざし、キーステージ21に転職されたということ。それは、「学校現場」への違和感を抱えながらも「Education／教育とは何か」「自分にできることは何か」という問いに留まり、応答をし続けておられる、"Negative Capability"をおもちであることでした。思わず見上げるほどのリスペクトを抱くと同時に、私がLecture RADIOで語ってきたこととがシンクロしていったのではないか、と腑に落ちました。

この「あとがきをはじめに」には、本書が「創発（emergence）」するに至るキーパー

読む　Negative capability とは

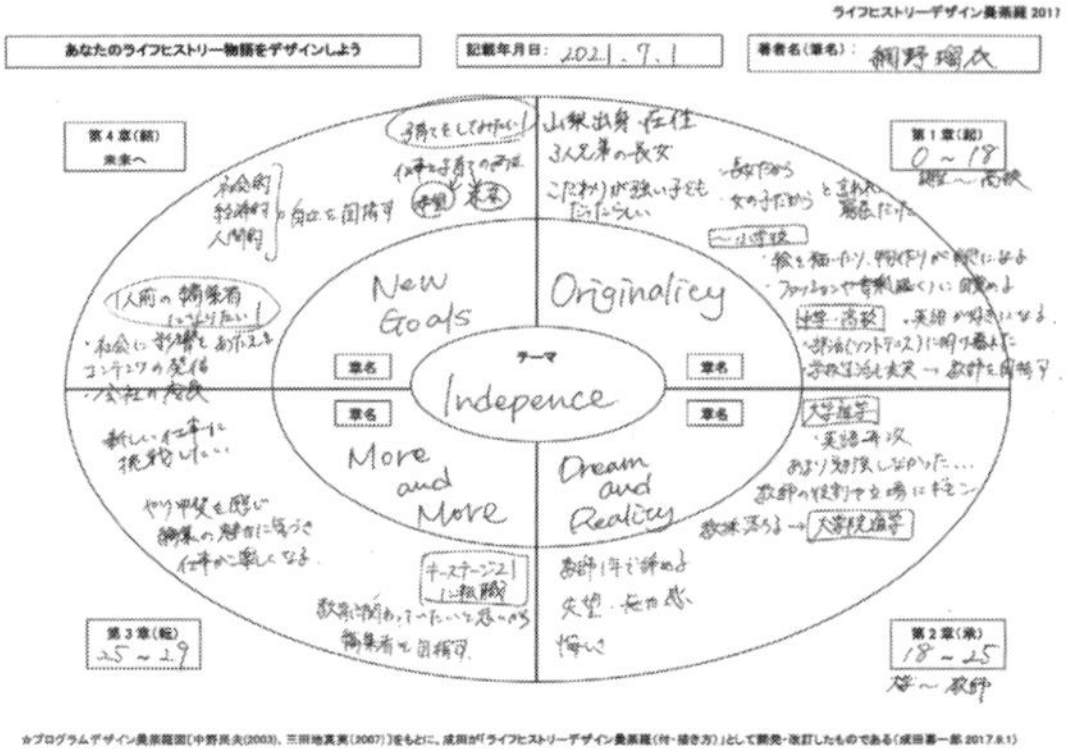

図　網野 瑠衣さんの「ライフヒストリーデザイン曼荼羅」（2021.7.1）

ソンとキーワードが潜んでいます。

改めてキーパーソンのお二人、大久保正弘さんと網野瑠衣さんに感謝するとともに、キーワードとして挙げるに至った「文脈（context）」が生成された学校法人自由学園で四年間過ごす機会をくださった高橋和也学園長に感謝したいと思います。そして、この本のここかしこに出てくる児童・生徒のみなさんや学生のみなさん、教職員の方々、さらには学校・大学以外でつながりをもつことができた市民との出会いと対話の日々なくして本書は成り立ち得なかったこと、さらなるリスペクトを込めて深く感謝したいと思います。また、好きなときに聴き読み交わすラジオ「Lecture

RADIO」と「みなみさわ森のRADIO」を始めた現在が、まさに〝COVID-19 Pandemic/Emergency（コロナ的状況）〟下にあったこと、またこの本が執筆・編集された現在は「ロシア・ウクライナ危機」の真っ只中にあったこと、全球的全人（類）的に未曾有の歴史的現在、今創られつつ歴史「現在史」の中で、まさに「創発（emergence）」してきた「新書」であることを記しておきたいと思います。さらに、この本の著者である私が、中学校や大学・大学院で教諭・教授としてあった研究者－実践時代を越えて、TOKYO854くるめラ及びStand.fmのRADIO Personality「なりっち」として多様で異なるリスナーの方々とともに歩む「並進者（Mutual translator）」時代へと「越境」し始めたことも記しておきたいと思います。

最後に、改めてこの本の執筆は、この地の住民（Inhabitants）としての連れ合いと子たち・孫たちをはじめ、つながりかかわった天地・自然の「時空間・人間《じんかん》」に「ありがとうございました！」と「声」を大にしてお伝えしたいと思います。

二〇二二年四月二八日

著者記す

解　題――本書執筆の背景にあるもの――

成田　喜一郎

筆者が、なぜ、本書の「解題」を書くか、その理由や根拠を示しておきたい。

まず、本書のタイトルに「物語」という言葉を冠した理由について述べておかねばならない。もし、アカデミック（学術的）な色彩の強い書籍にするとしたら、多分、「エスノグラフィー（ethnography）」という概念を使ったに違いないからである。

本書は、一部の Education／教育につながりかかわる研究者・実践者、学生・院生を対象とするアカデミックな研究書や概説書にせず、広く中・高生、その保護者、地域の生活者市民／住民（Inhabitants）、多様で異なる世代・職種の市民を読者層に想定したことに起因する。

ゆえに、文体も使用言語もできる限り平易にし、読者が読み進められるようその場で語りかけるように記述してきた。根拠や出典などの側注や脚注なども付けずに、そのままページをめくることができるよう執筆してきた。しかし、語り記述された文章の背後には、末席にいたとはいえ、筆者には研究・実践者として学び・暮らしてきた足跡や履歴が存在している。本文では十分に読み込めない研究方法論や理論・哲学について触れておきたい。

I　研究方法論としての「エスノグラフィー」

「エスノグラフィー」という質的研究の方法論に出会ったのは遅く、東京学芸大学大学院教育実践創成専攻

（教職大学院）の教授になった二〇〇八年以降のことである。

しかし、まだ「エスノグラフィー」の概念を知らなかった、一九七〇年代半ば以降、大学院生のころから社会科（歴史）教諭時代には様々な地域の「フィールドワーク」を行い、多様な「記録（Field Notes）」を書き残してきた。例えば、「飛騨・野麦峠」、「秩父・吉田町」、「北海道（民衆史の旅十二日間）」、「中華人民共和国（教育交流十六日間）」、「岩手県沢内村（現西和賀町）」、「岩手県田野畑村」、「佐渡島」、「富士山・樹海」等などである。

大学院教授時代は、国立・公立（ユネスコスクール・ESD／SDGs実践校、所沢市・横浜市等）・私立（自由学園）・NPO法人立学校園（東京賢治シュタイナー学校）・児童自立支援施設（県立埼玉学園）・奈良少年刑務所（社会性涵養プログラム）などである。

コロナ的状況下においては、オンライン講義・ゼミ・講習会・研修会（自由学園最高学部、早稲田大学大学院教育学研究科、公立学校等教職員研修会、理学療法士・作業療法士・言語聴覚士養成施設教員等講習会、文部科学省委託「インド教職員招へいプログラム」Lecture & Workshop など）もフィールドワークとして位置づけてきた。また、一九七八年四月から二〇〇七年三月まで東京学芸大学附属大泉中学校及び世田谷中学校における社会科教育（歴史・地理・公民）の実践を中心に、「帰国子女」教育・国際理解教育・環境教育・ホリスティック教育・シティズンシップ教育（シチズン・リテラシー）・学校図書館活用教育、学級・学年経営、特別活動（修学旅行）実践など、まさに長期にわたる定点での「実践記録」を書き続けてきた。

中でも一九八〇年代半ばから事実認識と想像力をつなぐ試みとして始めた「社会科叙事詩」の理論と実践をめぐる研究（成田、一九九七）は、そのあと、こどもと教師のためのオート・エスノグラフィー「創作叙事詩・

解題」の研究‐実践（成田、二〇一三）に向かっていった。自らのライフヒストリーの中の「環境教育」の研究‐実践を軸にオート・エスノグラフィー（成田、二〇一七）を書いてきた。さらに、実践者と学習者と第三者との協働エスノグラフィーの研究（成田、二〇一七）にも踏み込んできた。

研究‐実践を進める中で、小田博志[*1]（二〇一〇）の次のエスノグラフィーの七つの特徴は、フィールドワークを行う／考察する／記録するときの視点として援用してきた。

・現場を内側から理解する（現場の当事者性へどれだけ近づけるか、当事者との対話・インタビューの重要性）
・現場で問いを発見する（あらかじめ設定したリサーチ・クエスションに縛られない、問いの探求）
・素材を生かす（研究対象が主で方法が従であること、素材の持ち味を生かす）
・ディテールにこだわる（「神は細部に宿る」がごとく本質に迫る）
・文脈の中で理解する（細かくかつ広く、文脈＝環境に位置づける、コンテキストの重要性）
・Aを通してB（具体と抽象、実証と理論の間をつなぐ、概念化の重要性）
・橋渡しをする（ある世界を内側から理解して、それを別の世界に伝える。当たり前を相対化し、自己を客観的に捉え直す、問い直し見通す「リフレクション」の重要性）

（　）内は筆者による解釈

[*1] 小田博志（二〇一〇）『エスノグラフィー入門―〈現場〉を質的研究する―』春秋社

また、マイケル・アングロシーノ[*2]（二〇一六）は、「エスノグラフィーは、人間集団―その制度、対人行動、有形のモノ、信念など―を描く芸術であると同時に科学である」と定義し、エスノグラフィーの表現形式には、⑴伝統的な学術形式でのエスノグラフィック・データの表現（①本　②学術研究論文　③学会での発表論文）　(2) 文書形式でのエスノグラフィック・データのその他の表現方法（①写実的な物語　②告白的な物語　③自己エスノグラフィー　④詩的表現　⑤エスノドラマ　⑥フィクション）　(3) 文書を超えた表現（①記録映画　②フィクション映画　③ウェブ上への文書とイメージの掲載　④博物館や他の場所での視覚的提示など）、多様な表現形式があることを示唆していた。（傍線は筆者）

これは、長年、研究‐実践してきた「創作叙事詩・解題」をエスノグラフィーとして明確な位置づけを与えることができ、筆者のエスノグラフィー研究‐実践の拡張と深化をもたらしてきた。

*2 マイケル・アングロシーノ著、柴山真琴訳（二〇一六）『質的研究のためのエスノグラフィーと観察』新曜社

「詩的表現」としての「創作叙事詩・解題」については、Web Site 上にアップし、講義・講演時などに援用し、また、その記憶を記録に残してきた。

ここでは、そのいくつかを挙げておくことにする。なお、これは書字文化記録（ブログ）だけではなく、口承文化記録（ラジオ）及び映像文化記録（動画）もアップしてあるので参照されたい。

「ウェブ上への文書」としては、筆者による研究‐実践の記憶を記録として残すために、Web Ethnography を書いてきた。そのいくつかを上のＱＲコードに挙げておく。

2　筆者の主な「エスノグラフィーとしての著作物（Copyrighted Works）」

・成田喜一郎（2023）『物語「教育」誤訳のままで大丈夫!?：Education のリハビリ、あなたと試みる！』キーステージ21（本書）

・成田喜一郎（2022）「ライフヒストリーデザイン曼荼羅への旅はいかに紡がれてゆくのか：未来から現在・過去へとさかのぼり、今ここに舞い戻る」『ホリスティック教育／ケア研究』第25号，pp.102-108.
・成田喜一郎（2021）「深層からの「崩壊露呈」ともう一つの深層からの「覚醒開眼」との狭間に立つ ―学びの「創発（emergence）」への気づき：Holistic Education/Care 2020―」『ホリスティック教育／ケア研究』2021年第24号，p.1-p.14.
・成田喜一郎（2020）「『帰国子女』からの問いかけと教師の応答経験の有意味性：オートエスノグラフィー1978-2006を中心に」『国際理解教育研究』26号，pp.13-22.
・成田喜一郎（2019）「奈良少年刑務所「社会性涵養プログラム」の有意味性：ホリスティック教育／ケア学の視点から」『東京学芸大学教職大学院年報』第7集，pp.9-21.
・成田喜一郎（2019）エスノグラフィー「∴図書館はＥＳＤ／ＳＤＧｓを超える？∵」『現代の図書館』VOL.57 No.2（2019）pp.76-82.
・成田喜一郎（2017）「協働エスノグラフィー　懐かしい未来との対話：ラダックの暮らしと私たち」『ホリスティック教育研究』第20号，pp.1-20.
・成田喜一郎（2017）「オートエスノグラフィー『ライフヒストリーの中の環境教育』：『史的環境教育学』への誘い」『環境教育学研究』第26号，東京学芸大学 環境教育研究センター 研究報告，pp.159-180.
・平沢直樹・成田喜一郎（2015）「東日本大震災における発達障害者のPTSDと学校危機管理＝ケアのあり方：発達障害当事者との協働エスノグラフィーを読み解く」『東京学芸大学教職大学院年報』Vol.3 pp.187-

聴く　ホリスティック教育って何？　John・P・Miller

202.
・成田喜一郎（2013）「子どもと教師のためのオートエスノグラフィーの可能性：「創作叙事詩・解題」を書くことの意味」『ホリスティック教育研究』第16号, pp.1-16.
・成田喜一郎（2013）「東日本大震災・原発事故とわたくしたちの『記憶』と『記録』：ともに『違和感』を超えて」『東日本大震災と東京学芸大学』東京学芸大学出版会, pp.90-102.
・成田喜一郎（2012）「次世代型学校組織マネジメント理論の構築方法：『水の思想・川の組織論』の創成過程」『東京学芸大学教職大学院年報』第1集, pp.1-12.
・成田喜一郎（2011）「ＥＳＤの質保証とHOPE評価の可能性：子どもと教師のためのエスノグラフィー」『ひろがりつながるＥＳＤ実践事例48』ACCU, pp.181-190.

3　本書を執筆するにあたって根底で支えてくれた主な理論・哲学と展望

本文を読み、解題を読むとわかるように、筆者は文献を読み漁り、理論知・哲学知を取り出し、現場・実践に当てはめたり解釈したりしてゆく研究－実践のスタイルは援用してこなかった。

現場（教室や講義室・学校・地域・ラジオなどの「フィールド」）における多様で異なる経験知や実践知に出会い、既知となっていた「ものの見方・考え方・感じ方・在り方、成り方」（知性と心性・身体性）とが響き合うことによって、研究-実践が新たに生成／創成されたり、ときに創発（emergence）されたりしてゆくスタイルをとってきた。したがって、先行する研究-実践史を隈なく追いかけ整理し、「空白地」のポイントを炙り出し、新規性を担保することのできる「業績」を作る研究-実践はしてこなかった。

現場には、常に生徒や学生・院生・教職員が筆者と同じ時間と空間に居合わせていた。その関係性の中から研究‐実践が生まれ、ときに理論や哲学が生成されたり、更新されたりしてきた。

文献との出会いも文献研究を積み重ねていった先にあったのではなく、書店や図書館を散策していたときに偶然出会い、手に取り、その場でページをめくり、ある瞬間、ひらめき光るものを見つけると、意を決して購入したり、借り出したりしてきた。

一九九四（平成六）年夏、今はなきリブロ池袋本店でその背表紙が目に飛び込んできた一冊の本があった。

それは、ジョン・P・ミラーの『ホリスティック教育：いのちのつながりを求めて（原題Holistic Curriculum）』（春秋社、吉田敦彦・中川吉晴・手塚郁恵訳）だった。すぐさま購入し、これも今はなき喫茶店「耕路」（幼少のころ、祖父・國太郎と入った）で読み干してしまった。読後、「結局、私は一つのことしかしていなかったんだ！」とつぶやくと同時に、肩の力がすぅっと抜けてゆく感覚を味わった。ときに公私ともに多くの課題・難題―あれこれ降り注ぐ「教育課題」への対応、自らの学級・学年に起こった「いじめ」、わが子が抱える病など―を抱え込んでいたときだっただけに、本書との出会いは、知と心と身体のつりあい・つつみこみ・つながりへの気づきに救われた。

ミラー（一九九四）は、Holistic Curriculum を支える哲学「ホーリズム」を、次のように要約していた。

・宇宙は根源的に一つのもの（一如）であり、あらゆるものがすべてのものとつながりあっているのはリアリティ（実在の実相）である。　【一即一切・一切即一への気づき】

・その宇宙の統一性と、一人ひとりの内なる真の自己ないし高次の自己は、深く結びついている。　【全球的全人類的存在への気づき】

聴く　東寺の立体曼荼羅の話　大須賀発蔵

・その〈つながり〉は、心静かに魂と対話する黙想や瞑想によって直観的に洞察できる。

【Mindfulnessの可能性／姿勢・視線・言葉・呼吸への気づき】

・価値や意味は、このリアリティに目覚め、その〈つながり〉を自覚するところから生じてくる。

【Relational Being：共に在る関係性への気づき】

・社会の不正や困難に立ち向かう不屈の行動は、この〈つながり〉が人間において自覚されるときに生まれる。

【Mutual translation：並進による涵養／化育への試み】

ミラー（一九九四：三六～三七頁）【　】内は筆者が加筆

また、同年の夏、筆者は、当時は三十五日間にわたる「文部省教職員等中央研修中堅教員研修」に参加し、講師で異色のカウンセラー・大須賀発蔵氏と華厳思想（『いのち分けあいしもの―東洋の心を生きる』柏樹社）に出会い、東寺講堂の「立体曼荼羅（四天王像）」の存在と意味をご教示いただいた。

中央に鎮座する大日如来を守護する多聞天・広目天・増長天・持国天からの「積極的傾聴」「無条件の肯定的尊重」「人や組織の発展促進する人的機能」「環境整備機能」へのメッセージがあることとお聴きした。また、「池中蓮華／大如車輪／青色青光青陰／黄色黄光黄陰／赤色赤光赤陰／白色白光白陰／雑色雑光雑陰／微妙香潔」（仏説阿弥陀経 サンスクリット原典）を示され、蓮の華の光と陰はいろいろ、斑な光と陰のある蓮華もあるとのことを知った。

まさに、当時、「いじめ」の加害とみなされていた子が筆者のクラスにいて、その子と対話する際、四天王からのメッセージを支えにした。そのあと、学会や研修会などで京都に行くたび、東寺に向かい、直接、目の前の「いのち（こどもたち）」を守る多聞天・広目天・増長天・持国天の「声」を聴いた。

そして、その中央研修で、偶然、事前に『想像力：創造の泉をさぐる』（講談社新書、一九九四）を買い求めて持っていたそのとき、目の前に講師として登壇されたのが著者の心理学者・内田伸子氏だった。

内田氏（一九九四）は、新書ではあるが、否、むしろ新書であるがゆえに、現場で目の前の生徒や学生たちと「想像力とは何か」という問いへの応答を探るとき、実践と理論、現場と大学とつりあい、両者をつつみこみ、そして意味あるつながりへの気づきをもたらしてくれた。河田宣世さん（当時十歳）の書いた驚くべき詩「まだ おさないころ」を取り上げながら、「想像力」のはたらきについて言及された。

・生きる希望を与える、内面的なよりどころとなる想像力……フランクルのアウシュビッツ強制収容所での体験、強制収容所の中で、愛する妻と想像上の対話をするフランクル、樹と対話をする女性の話。フランクル『夜と霧』のエピソード

・新しいものを生み出す可能性としての想像力……芸術や工業製品、そして人間関係〈人と人のあいだ〉の想像力の存在、遊びの出現

・破壊的な力をも生み出す想像力……原子力の恩恵と破壊力などの存在、対人地雷開発の想像力（戦争・いじめなど）

・破壊的な想像力を見通し、変革する創造的な想像力……メタ的な想像力

【筆者による要約】

内田伸子（一九九四：十二～三六頁）

ジョン・P・ミラー、大須賀発蔵氏、内田伸子氏の理論や哲学は、それぞれ専門とする領野は異なるが、筆者の「ものの見方・考え方・感じ方・在り方、成り方」の通奏低音となっていった。さらに、そのあと、目の前の生徒や学生・大学院生などとともに研究‐実践を進め、新たな文献や教育課題などに出会ったときにも、

事象・事実を越えて、つりあい・つつみこみ・つながり、継ぎ続けてゆく視点を提供していった。

筆者は、ミラー（一九九四）に出会ってから、訳者の一人・手塚郁恵氏とコンタクトをとり、東京ホリスティック教育研究会に参加し、一九九七年六月、日本ホリスティック教育協会の設立（一九九七）に参画し、『季刊ホリスティック教育』誌の編集代表も経験した。

そのあと、現場（学校・大学・大学院）における研究‐実践を続け、二〇一七年六月、日本ホリスティック教育／ケア学会の創設に参画し、初代吉田敦彦会長のあと、現在、会長職に就いている。

しかし、筆者は、専門は何かと問われると、「ホリスティック教育です」とは言わずに、「越境する教育学です」と言ってきた。筆者の中では、「ホリスティック」を「越境する」と言ってきた背景には、筆者の学問的出自が「歴史学（日本近現代史）」であり、そのあと、「社会科（歴史）教育」や「国際理解教育」「環境教育」「シティズンシップ（シチズンリテラシー）教育」、そして「ＥＳＤ／ＳＤＧｓ」の研究‐実践などへ、まさに学問的領域・分野（領野）の限界や境界を越えて、多様な領野のつりあい・つつみこみ・つながりを求めてきたライフヒストリーを有していることから、“Holistic”の訳語でもない「越境する」を使ってきた。

今年の四月からRADIO Personalityとなった筆者は、その番組名を「なりっちの越境する学びの時間です」とし、さらに十月からは「なりっちの越える まなくら タイム」（学びと暮らし）に変え、学校や大学を越えて、年齢や世代、立場や職種などを越えたアシスタントやリスナーとともに番組づくりをしている。まさにホリスティックなアプローチを続けているといっても過言ではない。

4　研究‐実践者から並進者への拡張・深化

今、筆者は、改めて「並進者（Mutual translator）」であることを宣言する。それは、研究‐実践者から並進者への転換ではなく、研究‐実践者的世界が並進者的世界へ拡張・深化したということである。すなわち、「並進者」としての筆者は、これまで学び究め暮らし仕事してきた「道」がより道幅のある新しい「道」を進み始めたのである。

「並進者」とは、こどもとおとな、生徒と教師、学生と教授、Special Needsを有する人と支援者、クライエントとセラピスト、患者と看護師、患者と医師、部下と上司、門弟と師匠、素人と専門家など、リニアな縦（上下・下上）の関係性にありながらも、つりあい（balance）とつつみこみ（inclusiveness）とつながり（connection）の意味を、ともに並び進みながら問いや気づき、学びを継ぎ続ける（sustainability）人に成ってゆく者である。ここかしこに危うさが噴出している旧訳「教育」の世界がこのままではなく、少しでも広がり深まり、「涵養成る／化育成ること」の世界が生まれるためには欠くことのできない概念になるのではないだろうか。

しかし、「教育」を「涵養成る／化育成ること」に置き換えれば済むことではなく、「教育する」と同じように、決してリニアな縦の関係性のまま「涵養する／化育する」ことではない。あえて表現するとすれば、「涵養成る」「化育成ること」としたい。この筆者の造語であるが、これは、ともすると「涵養する／される」「化育する／される」という主体（能動）と客体（受動）というリニアで固定的な関係性に堕する危惧を越える道はないか、思索／哲学探求をしたとき、以下の三氏からの示唆をもとに生成してきた言葉・概念である。

佐久間亜紀氏の著書『アメリカ教師教育史—教職の女性化と専門職化の相克—』（東京大学出版会、二〇一七年、四二八頁）の中で「子どもの学びと教師の学びを相即的なもの」と捉える「相即的関係性」概念に出会い、探求をしてゆく中で義相「華厳一乗法界図」の「相即」概念との出会いから華厳思想に辿り着いた。

というか、一九九四年に出会った大須賀発蔵氏の「華厳思想――一即一切・一切即一――」(一九八七)に回帰することになった。筆者は、学校現場を中心としたフィールドワークを重ねながら、具体的で新規的なエピソード「子どもと教師の関係性」(杉並区立西田小学校や大田区立大森第六中学校など)に出会い、メタファーとしての「啐啄同時⇅逆 - 啐啄同時」的関係性へ Mutual translation(並進/相互翻訳)や Mutual Reflection(相互省察)を経て今日に至る。

そして、自由学園の髙野慎太郎氏からご教示いただいた「中動態」概念(國分弘一郎『中動態の世界―意志と責任の考古学』医学書院、二〇一七年)が、先の危惧を越える概念ではないかと予察することになる。さらに、自他ともに「涵養/化育」する意味を「涵養成る/化育成ること」という中動態的概念へ踏み切る契機は、『ひとなる―ちがう かかわる かわる』(藤原書店、大田堯・山本昌知、二〇一六)の書名となった「ひとなる」という概念に出会ったからに他ならない。「ひとなる」という言葉は、一九六五年三月、大田堯氏が、岐阜県東濃の加子母村(現在は中津川市加子母)という山村で、土地の古老から「およそ子どもは、神さまからの授かりもの、その子のいのちにそうて、みんなの世話で『ひとなる』もの」という言葉を聴き、その書の「はじめに」に記されている。世話するみんなも筆者も「ひとなる」ものであることにちがいない。筆者の思索・哲学、「概念」探求への「旅」のワンシーンを紹介してきたが、文献・資料上の抽象的な概念とフィールド(現場)のエピソードが常に架橋・往還してゆく「旅」の道程(生成される Curriculum)にあったといってよい。

繰り返しになるが、こどももおとなも、生徒も教師も、学生も教授も、Special Needs を有する人も支援者も、クライエントもセラピストも、看護師も、患者も医師も、部下も上司も、門弟も師匠も、素人も専門家も、「並進者」としてともに在る「生き物」であることを「想像」していきたいと思う。

しばしば、「共育（きょういく）」という概念をみかけるが、「並進者」としてともに「涵養成る／化育成ること」に通底するのかもしれない。しかし、「きょういく」という言葉を耳にするたびに旧訳／誤訳「教育」という響きから逃れられないのではないかと危惧する。

さて、管見ではあるが、「並進」という概念は、わが国の旧訳／誤訳「教育（Education）」や「教育学（Pedagogy）」の世界にはなかった。それを「Education の新しい訳「涵養成る／化育成ること」の世界にもち込んだのは、まさにコロナ的状況下（二〇二〇～現在）に、筆者が越境し出会ったロボット工学や機械工学の論文にしばしば登場する「並進」という概念は、英語のタイトルやアブストラクトに何と「translation」という訳があり、一般的な訳にある「翻訳」という訳を越えた日本語（漢字二字）があったからである。

そこで筆者は、「並進（translation）」という概念を「教育学（Pedagogy）」の世界でも援用したいと思い立ち、以下のような「定義」を与えた。「実践者と研究者、学習者（こども）と教授者（先生）との関係を、指導することや支援することとの関係性を超えて、両者を架橋・往還させ、それぞれの言語をいい換えたり、解釈したり翻訳しながら、並び進むこと」（成田、二〇二一：三～四）そのあと、学習者（こども）と教授者（先生）が、「相互に」並び進む意味を強調するために、「並進」をMutual translationという英訳で使い始めている。

これは、「相互翻訳」と直訳されるが、海外のEducation の世界では援用されている概念で、Mutual translation という概念を援用している著書として、Ranjana Thapalyal（2018）*Education As Mutual Translation: A Yoruba and Vedantic Interface for Pedagogy in the Creative Arts*,Sense Pub. がある。

Ranjana Thapalyal（ランジャナ・タプリアル）は、インド生まれの学際的なアーティストであり、スコットランドのグラスゴーを拠点とする学者である。彼女の作品は、絵画や陶器・「ミクスト メディア」（複数の媒体や素材を用いる技法）で組み立てられている。研究は、彼女の作品において重要な役割を果たしている。

Thapalyal（2018）において、*Education As Mutual Translation* は、英国のアート・スクールで実施された最近の研究を詳述したものであり、また、ヒンズー教のヴェーダンティスト（古代インド）とヨルバ（西アフリカ）の自己と他者との相互関係の哲学的概念を究め、高度な個性を期待する環境に適用している。著者は文化的、政治的、存在論的に自己を見つけるためのツールとして“critical autobiographic reflection”（分岐点に立って選択肢を広げる自伝的なリフレクション）を提案している。彼女は、個人主義からではなく、社会やコミュニティ意識から、よりしなやかな独創的な「声」が生まれ、真の「教育学的交流（pedagogic exchange）」が生徒や先生、および双方の仕事を変えることを示唆している。

また、ランジャナ・タプリアルは、『被抑圧者の教育学』の著者Paulo Freire（パウロ・フレイレ：ブラジルの教育学者・哲学者）の“critical consciousness”と、自らの師であるRonald Barnett（ロナルド・バーネット：社会哲学者・アナリスト・ロンドン大学教育研究所名誉教授）との理論的な対話を参照しながら、南アジアと西アフリカの伝統における「自己」の概念、南部の古代哲学のフェミニストの解釈、文化政治、芸術教育のための脱植民地化、反人種差別戦略の開発を行っている。まだ、到底、ランジャナ・タプリアルの研究−実践・創作活動をフォローしきれてはいない。今後の課題とはなるが、少しずつ書字文化記録としての「作品（著書や論文、Web Site記事など）」とアート表現文化記録としての「作品（陶器・絵画等）」を追いかけ、また、直接コンタクトをとり、語り合い、Mutual translation（並進）を試みていきたいと思っている。

（二〇二二年十一月二四日 記）

To be continued

【付記】

なお、私は、本書が上梓されたあとも、これまでとは異なるフィールド（現場）で観る、聴く、対話する、共に在る、感じる、考える、書物をひもとく、記録する「まなくら」を続けていきます。

その果実（fruits）と種（seeds）は、口承文化記録としてのラジオや書字文化記録としてのブログ・書籍（新書）のかたちを通して、みなさんと並び進みながら、ふっ立ってきた問いと気づき、学びを発信し続けていきたいと思っています。

その足跡は、上のＱＲコードのサイトに逐次更新してゆくつもりです。

「越えるまなくらへの旅：学びと暮らしと仕事」　https://genkaikyoukaiekkyo.blogspot.com

越えるまなくらへの旅

成田喜一郎・寺澤満春・なりっち

KS21 みらい新書

物語「教育」誤訳のままで大丈夫!?

—Educationのリハビリ、あなたと試みる！—

2023年6月14日　初版発行

著　　者　成田喜一郎

装丁・組版　木村ほなみ

編　　集　網野瑠衣

編集協力　北澤知佳・丸山恵

発 行 者　大久保正弘

発 行 所　株式会社キーステージ21

〒194-0215　東京都町田市小山ヶ丘4丁目7番地2-818

電話　本社 042-779-0601　出版部 042-634-9137

印刷・製本　モリモト印刷株式会社

ISBN　978-4-904933-19-0　C0237